王克剑

出席国务院发展研究中心海南调研活动。国务院发展研究中心党组成员、办公厅主任余斌，研究员王忠宏、王辉，副研究员周健奇、王恩胜，国家发改委胡长顺，国土资源部吴初国，国家林科院陈幸良，民政部郑理等出席了调研活动。海南省政府研究室副主任陈标阳、省发改委副主任颜人才、省住建厅副厅长陈孝京及民政厅和卫计委等部门同志出席了调研活动（2017年6月17日于海口）

到河南开封调研(2019年11月13日)

到内蒙古赤峰调研(2019年8月19日)

到山西太原调研(2019年9月29日)

时任新加坡总统陈庆炎颁发新加坡国立大学(NUS)硕士学位证书(2014年7月7日)

新加坡原总检察长陈锡强颁发新加坡国立大学杰出校友奖牌(2018年)

中国亚洲经济发展协会权顺基会长(左)、刘红路执行会长(右)颁发副会长任命证书(2020年4月1日)

2014年1月7日，时任新加坡社会及家庭发展部部长陈振声(现任新加坡教育部部长)颁发荣誉证书

2019年5月17日，第五届中国城市建设峰会主席台，左起：齐续春、陈祥福、汤印萍、姚文萍、齐兵、张景安、丁国凯、石军、付双建、杜鹃、闫永、陈企业、程学斌、刘小江、王克剑

新加坡国立大学(NUS)校长陈永财(左八)、新加坡国立大学李光耀公共政策学院(NUSLKY)院长柯成兴(左七)与出席中国改革40年论坛的NUSLKY北京校友会秘书处成员合影(2018年4月21日)

与老领导陆浩同志合影(2019年9月9日)

与老领导蔡武同志(中)、程学斌会长(右二)、汤印萍主任(右一)合影(2020年1月7日)

出席第五届中国城市建设峰会并致辞(2019年5月17日)

新加坡国立大学李光耀公共政策学院柯成兴院长颁发荣誉奖牌(2018年11月23日)

2011年12月与中纪委驻建设部纪检组原组长姚兵(本书序言作者)合影

到安徽淮南考察调研(2020年11月13日)　　带队到北京民进会员企业调研疫情下复工复产情况(2020年5月25日)

新加坡国立大学李光耀公共政策学院(NUSLKY)北京校友会秘书处与来京的李光耀公共政策学院(LKY)吴臻老师、何佩纹老师合影(2019年9月3日)

出席改革开放
40年论坛并致辞
(2018年4月21日)

与权顺基会长(左三)、刘红路执行会长(左五)等中国亚洲经济发展协会代表团一行访问
新加坡驻华大使馆和吕德耀大使(中)合影(2020年7月17日)

带队到河北张家口调研，右四为时任张家口市委书记回建(2017年5月19日)

新加坡国立大学校长陈永财、李光耀公共政策学院院长柯成兴、商学院院长杨贤与在京校友合影(2018年4月20日)

到山东聊城调研，与时任聊城市长王忠林(现任湖北省省长 右三)、时任聊城市政府秘书长马骏(现任中国财政科学研究院党委副书记 左一)、《求是》杂志社秘书长刘彦华(左三)等同志合影(2014年8月)

众师生欢聚钓鱼台国宾馆(2018年4月22日)

为救助武汉因新冠疫情而致的贫困家庭，通过开明慈善基金会捐款10万元（2020年2月18日）

与到访杂志社的开明慈善基金会宁永丽、于雷两位同志合影（2020年5月18日）

与同事们到韶山毛泽东故居参观学习（2018年9月10日）

与外国友人合影

2017—2019年

与马里前总理
穆萨·马拉
Moussa Mara

与乌克兰前总统
维克托·尤先科
Viktor Yushchenko

与保加利亚前总统
彼得·斯托扬诺夫
Petar Stoyanov

与马耳他前总理
劳伦斯·贡齐
Lawrence Gonzi

与塞尔维亚前总统
鲍里斯·塔迪奇
Boris Tadic

与塞浦路斯前总统
乔治·瓦西利乌
Georgios Vasou Vasiliou

与斯洛文尼亚前总统
达尼洛·图尔克
Danilo Türk

与圣马力诺前执政官
吉安·弗朗哥·泰伦齐
Gian Franco Terenzi

与乌拉圭前总理
路易斯·阿尔韦托·拉卡列
Luis Alberto Lacalle

城市建设理论读本 剑言城市系列丛书2

剑言城市

JIAN'S COMMENTS
ON THE CITY

王克剑 著

开明出版社

图书在版编目（CIP）数据

剑言城市 / 王克剑著． -- 北京：开明出版社，2021.5
ISBN 978-7-5131-6749-9

Ⅰ．①剑… Ⅱ．①王… Ⅲ．①城市建设-中国-文集 Ⅳ．① F299.21-53

中国版本图书馆 CIP 数据核字(2021)第 077648 号

总　顾　问：李有存
总　　　编：董　淼
主　　　编：李　晗
责 任 编 辑：王　拓　程　刚
装 帧 设 计：左　娜　李建晖

剑言城市

王克剑　著

开明出版社（北京市海淀区西三环北路 25 号　邮编 100089）

网址：http://www.kaimingpress.com

新华书店经销

北京美图印务有限公司

开本：787 毫米 ×1092 毫米　1/16　印张：19.25　插页：20　字数：285 千字
版次：2021 年 5 月第 1 版　印次：2021 年 5 月第 1 次印刷
ISBN 978-7-5131-6749-9
定价：59.00 元

★★★★

印刷、装订问题，出版社负责调换货　电话：(010) 88817647

序 言

城市化进程的历史车轮滚滚向前，全球城市人口占比在2050年将高达70%。如何实现可持续的城市发展，是21世纪人类社会面临的最严峻的挑战之一。未来城市中，我们的安全状态如何？交通状况怎样？空气、水和食物是否干净卫生……所有这一切，都提醒我们需要建设一个更加智慧、更加高效的城市，让人们有足够的生存空间并且能舒适自由地生活。

认识和把握城市发展规律，需要城市决策者和管理者具有包括城市发展理念、城市规划、城市建设和城市管理等方面的知识，而构成这个知识链的是包括区域经济学、信息经济学、资源环境管理学和文化资源管理学等在内的多个学科。

城市发展源于人的发展，因此，提出以人为本。城市的发展一切依靠人，依靠城市政府领导、企业家、技术工匠……人类社会进入了知识经济时代，所以才有全球气候变化的共测共管，全球经济一体化的思考，宜居城市、智慧城市的需求。

克剑社长带领城市建设杂志社自觉担此重任，为广大专家、学者和工作者搭建了研讨的平台，并将2017年至2020年3年来的"剑言城市"文稿汇编成册正式出版，值得点赞和庆贺。

这些文稿按发表在《城市建设》杂志及中国城市建设网的时间顺序汇编而成，内容是他近年来学习探讨城市发展政策和城市建设规律的心得体会，既包括对城市建设成就的理性分析，也包括对城市建设问题的把脉、开方……读其文稿时有"文若春华，思若涌泉"之感。

文章集中论述了城市建设要贯彻以人为本的发展理念；生动诠释了我国近年来城市建设、城市治理、新型城镇化、绿色发展和生态文明建设的重大成就；深刻反思了城市发展过程中所遇到的突出问题；鲜明指出了未来城市发展补短板、强弱项的科学方向。

纵观这些文章，有抒有述有论、旗帜鲜明、立意准确，最大特点是，短小精悍、言简意赅、实事求是、绝不敷衍、以理服人，字里行间中凝结着作者深沉绵长的为民情怀，段落篇章中彰显出作者的社会责任和原则担当。

城市发展一切为了人，为了城市人们日益增长的物质和文化生活需要。我曾到全国多个城市考察调研城市建设的工作，为我国的城市面貌发生巨大变化深感欣慰，但发现有些地方仍存在面子大于里子，大拆大建，缺乏特色、模仿复制等问题。我认为，在"十四五"发展时期，各地的城市建设者仍要坚持全局观念，处理好局部与整体、眼前和长远的关系；把城市建设作为一门科学、一门艺术来研究探讨；围绕城市建设新形势、改革发展新要求、人民群众新期盼，将政策的着力点落到实处，切实把城市工作抓出成效；建设出提供高品质生活的城市、经济发达的城市、绿色健康的城市、拥有审美感的城市和可持续发展的城市。

时间的书页不断翻开，城市建设、城市发展的命题日新月异，相信此书付梓定会受到广大读者和业内同行朋友们的喜爱，也希望此书的出版能给从事城市建设工作的朋友们提供更多的新思考、新思路、新思想。

2021 年 1 月

序言作者：姚兵，江苏盐城人，教授、博士生导师，长期从事建筑行业的宏观管理，先后出版过《建筑管理》《项目管理》等著作。曾任建设部总工程师、中纪委驻建设部纪检组组长、住房和城乡建设部党组成员，中国建筑金属结构协会会长等职务。

目 录

第一章　二〇二〇年七月至二〇二〇年一月

003 | 全域推动会呼吸有韧性的海绵城市建设

005 | 推进节能增效　筑牢绿色力量

007 | 摸准生态家底　把脉生态治理

009 | 城市公共空间环境改善势在必行
　　　——写在新发地成疫情焦点之际

011 | 建设美好城市　科学规划先行

013 | 人间烟火——地摊经济得民心

015 | 做生态环境的坚定维护者

017 | 用民本思想提升城市建筑风貌

019 | 激活智慧旅游消费潜力

021 | 旅游与防疫实现双胜利
　　　——过好疫情下的小长假

023 | 线上经济给消费加动力
　　　——疫情之下，传统产业衍生新业态

025 | 绿色发展与疫情防控兼顾并重

027 | 城市大脑让城市更具免疫力

029 | 弘扬街巷文化 让传承与建设相得益彰

031 | 城市韧性应成为城市发展"硬"实力

033 | 疫情之下,城镇化建设及社区治理新视域

035 | 不断探索城市健康安全新观念

037 | 守住底线 全面推进城乡融合与协调发展

039 | 疫情之下,智慧城市概念的创新与提升

041 | 疫情警示,智能化城市管理模式亟待完善

043 | 提升空间治理水平 科学应对突发事件

045 | 创建健康城市 切实保障人民生活安全

047 | 2020,迎接更美丽的春天

049 | 多元化路网建设助力归乡情

051 | 莫让火患毁掉城市记忆

053 | 让宜居城市落地生根

第二章 二〇一九年十二月至二〇一九年一月

057 | 民生优先造就幸福澳门

059 | 推进智慧城市向系统化市场化法治化发展

061 | 建设有记忆会呼吸的森林城市

063 | 谈谈绿色便民的园艺驿站

065 | 让休闲城市成为城市发展的常态

| 067 | 黄河流域到了绿色高质量发展的关键时刻
| 069 | 民心工程之保障性住房
| 071 | 以绿色宜居引领美好城市发展
| 073 | 交通的根本是安全畅达
| 075 | 建设细节独特、定位明晰的全域旅游城市
| 077 | 回望70年——城市建设举世瞩目
| 079 | 新型城镇化与人的城镇化
| 081 | 住房有保障 天下少寒士
| 083 | 用城市大脑"治疗"城市病
| 085 | 共享生态文明 绘就美丽中国
| 087 | 优化生态系统 建设公园城市
| 089 | 展望现代化社区建设
| 091 | 因城施策发展城市夜间经济
| 093 | 生态文明之"取之有度 用之有节"
| 095 | 小城镇也要高质量发展
| 097 | 历史遗产给城市生命带来新的活力
| 099 | 老旧小区如何改
| 101 | 垃圾分类是绿色生活方式的重要内容
| 103 | 重塑新型城乡关系 实现城乡全面融合
| 105 | 注重自然修复 科学推进生态系统保护
| 107 | 把绿色理念刻在心里
| 109 | "绿色发展"开启中国城市建设高光时刻
| 111 | 推动中心城市发展 增强城市辐射带动力

113	绿色治理　福泽子孙
115	科学有效开发利用城市地下空间
117	让老城老而不衰　魅力常在
119	让"智能+"为加速数字经济开路
121	推进生态治理现代化　走绿色永续发展之路
123	品味人工智能时代的城市生活
125	开启城市生活的智能化
127	5G助力智慧城市建设　未来可期
129	推进生态文明建设　构建美丽中国新格局
131	城市群是经济发展的重要引擎
133	多维度推动城市可持续发展
135	让城市建筑成为城市的一道风景
137	大健康产业名副其实才是科学之举
139	迈向生态文明新时代　做绿色生活行动者
141	规范特色小镇建设要科学严谨

第三章　二〇一八年十二月至二〇一八年一月

145	重城市人文之蕴　扬城市品牌之韵
147	改革开放40年改善亿万人民生活
149	新能源　新生活　新城市
151	"一带一路"谱写新篇章
153	激发城市发展活力　赢取城市美好生活

| 155 | 让"智慧城市"名副其实

| 157 | 珍惜城市古建筑 留下一抹"乡愁"

| 159 | 让历史记忆点亮城市建设

| 161 | 让老城区变成新"古董"
　　　——探索城市改造新模式

| 163 | "小城市病"来了,该怎么办?

| 165 | 40年改革开放创造中国城市发展奇迹

| 167 | 智慧城市建设需增加市民的参与度

| 169 | 珍视城市的文化底蕴

| 171 | 留住长江生态美

| 173 | 用更多的绿色装点城市

| 175 | 让城市拥有更多空间

| 177 | 以民为本 建设美好城市

| 179 | 应对"城市病" 提高治理水平

| 181 | 城市安全是建设宜居城市的首要条件

| 183 | 努力构建生态文明制度体系

| 185 | 珍惜城市的文化品位

| 187 | "城镇化"与"逆城镇化"的思考

| 189 | 细化城市管理

| 191 | 发展智慧气象 抵御灾害风险

| 193 | 城市治理要以服务人民为中心

| 195 | 保护生态环境 让城市更美好

| 197 | 发展新能源 建设宜居城市

| 199 | 持之以恒建设美丽中国

| 201 | 主题公园要名副其实

| 203 | 绿色是新时代城市的底色

| 205 | 城市改造对城市文化的影响

| 207 | 加快新型城市建设

| 209 | 长江经济带将高质量发展

| 211 | 治污攻坚再接再厉

| 213 | 为国务院机构改革点赞

| 215 | 创新驱动发展 助推城乡建设

| 217 | 呵护生态 人人有责

| 219 | 让城市交通更绿色更低碳

| 221 | 创新让生活更美好

| 223 | 让人民生活更加幸福安康

| 225 | 城市建设与民生

| 227 | 一哄而起不是发展特色小镇的科学之举

| 229 | 推进粤港澳大湾区协同发展

| 231 | 为西藏生态文明建设点赞

| 233 | 城市管理要"以民为本"

| 235 | 城市发展的永恒主题
　　　——学习、贯彻《关于推进城市安全发展的意见》

| 237 | 打造城市品牌

第四章　二〇一七年十二月至二〇一七年四月

241　｜　喜迎二〇一八

243　｜　树立生态文明建设新理念

245　｜　努力创造人民更加美好的生活

247　｜　环境就是民生　蓝天就是幸福

249　｜　城市文化是城市的灵魂和生命

251　｜　补齐生态环境短板

253　｜　提高城镇化率　促进经济增长

255　｜　开启生态文明建设新时代

257　｜　从"新矛盾"理念推进新型城镇化

259　｜　建设人与自然和谐共生的美丽中国
　　　　　　——值党的十九大胜利召开之际

261　｜　以优异成绩迎接党的十九大

263　｜　特色小镇重在特色

265　｜　以全新理念指导生态文明建设

267　｜　创新环保督察　促进绿色发展

269　｜　关注生态环境的互联互通

271　｜　科学推进城市建设

273　｜　特色小镇要小而美

275　｜　保护生态环境至关重要

277　｜　绿水青山就是金山银山

279　｜　让五大理念引领雄安新区建设

281 | 把生态文明建设放在突出地位

283 | 城市生态保护和修复不容忽视

285 | 习近平主席主旨演讲振奋人心

　　　——祝贺"一带一路"国际合作高峰论坛成功举行

287 | 建设生态小镇　助推新型城镇化

289 | 城市精细化管理造福百姓

第五章　　要闻精选

293 | 围绕中心　服务大局　党风廉政建设助推内蒙古经济腾飞

（以上文章是王克剑2017年至2020年发表于中国城市建设网和《城市建设》杂志的文稿选编）

第一章

二〇二〇年七月至
二〇二〇年一月

剑青城市

全域推动会呼吸有韧性的海绵城市建设

进入汛期,我国南方多地连降大雨,一些城市发生洪涝灾害,人民的生命财产安全受到不同程度的损害。持续不断的降雨不仅影响着人民生产生活的顺利开展,还考验着城市的防洪排涝能力。

如何治理城市的洪涝灾害,建设海绵城市是解决城市内涝的有效手段。海绵城市,如同海绵一样具有良好的"弹性",下雨时吸水、蓄水、渗水、净水,干旱时再将蓄存的水释放并加以利用。推进海绵城市建设,有利于提升城市水生态系统功能,有利于减少城市洪涝灾害,有利于增强城市应对极端气候的弹性和韧性。

近年来,通过海绵城市试点建设以及在全国各大城市的推广,不少城市都通过建设海绵城市,减缓了内涝灾害,让老百姓切实感受到了"小雨不湿鞋,大雨不内涝"的好处。海绵城市,从以往的轮廓概念进入百姓生活中,人们对建设海绵城市的呼声越来越高。但是,建设海绵城市不是一蹴而就的,一两年内可能在防洪减灾方面成效甚微。建设海绵城市需要长时间、不间断地对生态水利和国土海绵系统进行修复和治理,才能彻底让城市会呼吸、有韧性。

尊重自然、顺应自然、保护自然,因势利导建设海绵城市。城市内涝的发生有自然原因,更有人为因素。在城市快速发展的过程中,可速成的城市不可渗水的水泥道路阻碍着水流的自然走向;城市采取"快排"模式在遭遇强降雨时吞吐能力不足;在部分南方城市曾经长时间"围湖造田""填湖造屋",导致诸多河流湖泊蓄水能力遭到极大破坏,虽然近些年来"退耕还湖",但仍然无法满足这些城市水系调节的需求。要想"小雨存起来,中雨排出去,大雨不成灾",必须将人对大自然水循环的干扰降到最低,要尊重自然、顺应自然、保护自然,在城市规划建设的每个细节都要考虑对自然的影响,要更多地利用自然力量排水、渗水、净水、释水,借自然之力,顺势而为、因势利导建设海绵城市。

规划引领、统筹推进,系统化全域建设海绵城市。城市是一个巨系统,建设海绵城市,要考虑到城市的方方面面。考虑城市水体,不仅要考虑气候条件及天然降水,还要综合考虑城市的河流、湖泊、湿地等水网体系。考虑城市住宅小区建设海绵城市,不仅要规划新城区及新住宅的管网及渗水、净水等工程,还应考虑到城市的老城区及城市老旧小区如何兴建海绵城市工程。可见,建设海绵城市,是一个综合性工程,在尊重自然、顺应自然、保护自然的基础上,要科学作出规划,理顺各方关系,系统化全域推进。通过前期科学规划,充分运用"海绵城市+"的模式,推动"海绵城市+老旧小区改造""海绵城市+棚户区改造""海绵城市+治污"等,提升城市整体水平。

引入绿色技术理念,打造海绵城市产业链。建设高质量的海绵城市,要坚持低碳、生态、智慧的绿色发展理念,加强相关基础工作和技术研究,引入绿色建筑技术,采用绿色节能环保材料,积极打造海绵城市产业链,培养相关技术和施工人员,鼓励社会各方参与海绵城市建设。这是一个长期实践的过程,要精准施策、久久为功,才能让水能够在城市中循环,让城市会呼吸、有韧性。

(《城市建设》杂志,2020年7月20日)

推进节能增效 筑牢绿色力量

绿水青山是人们对美好生活环境的期盼，节能增效是建设资源节约型、环境友好型社会的必然选择。"两山理论"和绿色发展理念，对于调整经济结构、转变经济增长方式、提升百姓生活质量、维护民族长远利益，具有极其重要而深远的意义。

今年的6月29日到7月5日，我国迎来了第30个全国节能宣传周，今年以"绿水青山，节能增效"作为宣传周的主题。历经30年的发展与完善，全国节能宣传周在社会上形成了强大的影响力，全国人民的"环保意识"和"节能意识"不断提升，各个企事业单位"绿色生产"和"低碳办公"成为常态，这对在全国推动节能增效、促进绿色发展发挥了积极作用。

近年来，通过全面贯彻生态文明思想，牢固树立生态优先、绿色发展理念，不断推进绿色低碳、节能增效工作的开展，我国生态环境质量有了显著提升，经济高质量发展行稳致远。

不过，随着全球经济形势的变化、气候的恶化、人口的剧增、无节制的浪费等，全球环境面临越来越严重的问题，全球变暖、臭氧空洞、全球灾难性气候变化频发，资源的枯竭尤其是水资源的匮乏，以及今年疫情在全球的泛滥，更给人们敲响了警钟，即选择绿色低碳、推进节能增效才是人类永续发展的动力之一。

转变经济发展方式，优化产业和能源结构。今年是全面建成小康社会和"十三五"规划圆满收官之年，同时也是持续打好蓝天、碧水、净土三大保卫战,确保实现阶段性目标的关键一年。进入疫情防控常态化阶段,我国应继续推进经济发展方式的转变,优化产业和能源结构,改变传统的以消耗能源和污染环境为代价的经济增长方式。通过积极发展新能源和可再生能源,创新产业发展方式和内容,推进绿色低碳产业发展建设,壮大清洁能源产业,加大新能源交易规模,以及强化工业、建筑、交通、商贸流通、农业农村、公共机构等重点领域节能,促进绿色生产和发展方式的形成。

发展循环利用经济,创新垃圾分类机制。资源是人类生存和发展的重要物质基础,生态环境不仅制约着人类的发展,更关乎着人类的生存质量。随着社会的不断进步与科学技术的不断发展,人们越来越关心人类赖以生存的地球能否持续带给人类源源不断的资源和优美良好的生态环境,越来越认识到资源和环境对人类发展的重要性。通过近年来的努力,不断促进循环经济的发展,节能增效水平不断提升。国家通过在多个城市推广垃圾分类,让人们逐渐形成了节约循环利用的资源观,同时推动了相关环保节能产业的发展壮大,有效提高了垃圾的资源价值和经济价值,不仅让物尽其用、让经济可持续,还有效改善了生态环境。

完善节能环保制度体系,倡导低碳、绿色、可持续。节能减排是永不过时的主题,绿色环保是人类发展永不褪色的理念。为了推动全社会节约能源,提高能源利用效率,保护和改善环境,促进经济社会全面协调可持续发展,我国早在2007年就出台了《中华人民共和国节约能源法》,各地还不断出台相关法律法规,关于绿色发展、节能环保的法律政策体系不断完善。与此同时,各地通过建立健全节能监督管理体系,进一步完善节能环保监察机制,让违法行为得到最严厉的处罚。此外,通过积极倡导绿色低碳、垃圾分类等绿色生活生产方式,可以让人们逐渐养成勤俭节约、低碳绿色的环保意识,让绿色发展的合力更加牢固。

(中国城市建设网,2020年7月3日)

摸准生态家底 把脉生态治理

前不久,生态环境部、国家统计局、农业农村部共同发布的《第二次全国污染源普查公报》显示,本次污染源普查摸清了全国各类污染源的基本情况、各类污染源的数量和排放情况、污染治理情况等,建立了重点污染源档案和污染源信息数据库。这次污染源普查是在全面建成小康社会决胜阶段、坚决打赢打好污染防治攻坚战大背景下的一项系统工程,是全面摸清建设美丽家园生态环境底数的一次重大国情调查。对其归纳总结得出的规律和趋势性成果,将为国家"十四五"国民经济和社会发展以及生态环境保护工作提供基础支撑,将进一步提高全民的环境意识。

此次普查结果揭示了我国当前生态环境保护面临的形势,特别是未来生态环境保护工作的重点领域、重点地区、重点流域、重点行业、重点污染物的最新最全面的情况,虽然我国生态环境质量有所改善,但此次普查也反映了一些问题,如污染物的排放量过高、农业和生活污水排放量大、东西部环保基础设施发展不平衡等。这些问题反映出要想建设美丽家园,我国生态环境治理体系和治理能力还需进一步提高。

建设美丽家园,首先要持续推进生态文明建设。生态文明建设是关系中华民族永续发展的千年大计。在"五位一体"总体布局中,生态文明建设是其中一位;在新时代坚持和发展中国特色社会主义基本方略中,坚持人与自然和谐共生是其中一条基本方略;在新发展理念中,绿色发展是其中一大理念；在三大攻坚战中，污染防治是其中之一。在尊重生态文明建设客观规律的基础上，牢固树立"绿水青山就是金山银山"理念，加大生态系统保护力度，打赢污染防治攻坚战，因地制宜探索以生态优先、绿色发展为导向的高质量发展新路子，才能让天更蓝、水更清、山川大地穿绿衣。

建设美丽家园，要摸准"生态家底"，提升科学治理水平。通过此次普查，摸清了各类污染源底数，有了全面的污染源数据库，借助这本"生态账册"可以有的放矢地开展环境保护溯源管理，还能够有针对性地对环境保护的痛点难点开展有效治理，各地通过因地制宜开展生态文明建设，治标又治本地开展污染防治，将进一步提升我国生态文明的科学治理水平。可见，通过摸准"生态家底"，不仅能进一步推动生态环境科学化、精细化治理，还有利于建设针对生态环境保护与污染防治的长效机制。

建设美丽家园，要站在人与自然和谐共生的高度来推动经济社会发展。绿水青山就是金山银山，生态环境保护和经济发展不是矛盾对立的关系，而是辩证统一的关系。经济发展不能以破坏生态为代价，生态本身就是经济，保护生态就是发展生产力。让绿水青山能够充分发挥经济社会效益，不是要把它破坏了，而是要把它保护得更好。保护好绿水青山，才能推动经济高质量发展。未来，要统筹好环境与经济发展的关系，决不能再走先污染后治理的老路，要平衡和处理好保护与发展的关系。通过贯彻生态优先、绿色发展理念，提升全民生态保护意识，鼓励绿色生产和消费，形成健康文明的生产生活方式，形成人与自然和谐共生的格局，相信一定能把绿水青山变成金山银山。

（中国城市建设网，2020年6月28日）

城市公共空间环境改善势在必行
——写在新发地成疫情焦点之际

自北京新发地批发市场发生新冠肺炎疫情以来，北京根据疫情发展变化，将应急响应级别调至二级，关停了地下阴冷、潮湿的经营场所，并对这些场所进行通风消杀。市场环境通风透气差、环境相对密闭是新发地批发市场新冠肺炎疫情扩散的原因之一。

科学研究证实：公共空间良好的通风，是可以稀释并清除新冠病毒潜在传染性气溶胶的。这一发现对当前防疫有重要意义，因为尽管已经采取了物理隔离措施，但在公共交通工具或批发交易市场等通风不良且人员密集的地点，仍可能会有病毒传播。科研机构指出，在通风不良的空间中，小呼吸飞沫的持续存在可能会导致新冠病毒的传播，而改善公共空间的通风条件，则可以稀释并清除潜在的传染性气溶胶。

目前我国很多城市、很多楼宇均存在通风差、空气循环不佳的问题，如何打通城市和楼宇的通风渠道，让新鲜空气自由流动，是疫情当下建设美好城市、健康城市不可忽视的内容。

首先，继续做好城市通风廊道建设，稳住城市空气大环境。合理科学的城市通风廊道，可以提升城市的空气流动性，有助于稀释城市中飘浮的污染物或是病菌浓度，并缓解热岛效应，给人们带来清新舒适安全的空气环境。国家发改委和住建部曾联合印发《城市适应气候变化行动方案》，明确要求"打通城市通风廊道，增加城市的空气流动性"。城市通风廊道如同人的经络一样，经络不通，人就容易生病，城市也是如此。如今，城市遍布高楼大厦，高楼林立的区域容易形成"风阻"地带，造成城市内空气流动的停滞。未来，要合理规划设计城市建筑，顺应通风廊道合理布局规划，尽量降低建筑密度，疏通城市风道，给城市吹来清新流动的空气，提升城市整体通风透气的能力。

第二，做好建筑物通风设计，提升公共空间通风能力。建筑物通风包括自然通风和机械通风。无论哪种通风形式，目的都是将建筑物室内污浊的空气直接或净化后排至室外，再把新鲜的空气补充进去，从而保持良好洁净舒适的室内空气环境。目前很多楼宇通风透气差，存在很多健康隐患。因此，在前期制定好楼宇相关通风标准，规划好建筑物通风设计是非常重要的。在执行过程中，要以标准要求为依据，同时注意因地制宜设计不同区域楼宇的通风环境，做好每个细节的处理，以达到理想通风透气效果，提升公共空间的通风能力。

第三，加强监管督查力度，整改通风透气差的公共空间。目前，批发市场、超市、影院等不少公共空间自然换气通风能力相对较差，特别是其中的一些没有窗户的独立空间，根本无法自然通风。这些场所还有共同的特点，就是人流大、污染源多，一旦有人感染病毒，就容易传染扩散。因此，相关部门对这类公共空间应加强监管督查，让不符合标准要求的场所进行整改，提升通风换气能力是非常有必要的。

此外，个人、家庭、单位做好日常的通风透气也很重要，要养成健康卫生的生活习惯。让大家携手努力，战胜此次疫情。

（中国城市建设网，2020年6月19日）

建设美好城市 科学规划先行

城市是人类文明的标志，人们用智慧和文明推动城市聚落从无到有、从少到多。数据显示，1978年末至2019年6月，我国城市数量从193座增加到672座，建制镇数量从2 176座增加到21 297座。截至2020年初，我国城市数量达686个。可见，我国城镇化建设发展成果显著。

我国幅员辽阔，地形、气候多样，不同的生态地理环境哺育了不同类型的城市。但是每个城市的形成，都离不开良好的生态环境、充足的粮食供应、丰富的能源资源、强大的交通网络、蓬勃的经济发展……每个城市都是这个区域的中心，在新型城镇化建设不断推进的过程中，越来越多的人进入城市，成为城市居民，同时，人们对美好城市、宜居城市、智慧城市、健康城市越发向往。如何做好城市规划设计，让更为高效、绿色、智能、健康的城市生产生活方式成为人们的生活日常，推动城市朝着更加宜居、智慧、安全的方向发展，值得处于疫情之下的人们进行思考。

建立并完善城市规划体系

建立并完善城市规划体系是一个较为长期的实践过程，要久久为功。近年来，我国先后出台了一系列政策措施，来完善城市规划体系的不足。例如，《中共中央国务院关于统一规划体系更好发挥国家发展规划战略导向作用的意见》《中共中央国务院关于建立国土空间规划体系并监督实施的若干意见》这两份文件，指明了规划体系改革的方向。去年5月发布的关于建立国土空间规划体系并监督实施的若干意见，明确了国土空间规划在国家规划体系中的基础性作用，为国家发展规划落地实施提供空间保障。通过不断建立和完善城市规划体系的政策与文件，让人们逐渐认识到城市规划对城市发展的重要意义，为我国建立完善的城市规划体系打下了政策基础和民意基础。

加强对城市规划的监督管理

城市规划在城市发展中起引领作用，犹如城市发展的龙头，只有做好前期的城市规划，城市在未来才能科学发展。因此，加强对城市规划的专门监管十分必要。在建设高质量的城市发展过程中，涉及经济社会发展、环境资源保护、国土空间格局、城乡环境建设、地上地下空间利用等众多内容，这需要进行专业的规划制定及实施有效的监督管理。与此同时，我国城镇化建设与城市发展正处于快速发展阶段，发展过程中容易忽视许多城市长远发展或是生态环境等方面突出的问题和矛盾。要解决这些问题、处理这些矛盾，需要在深化和细化国家规划体制和体系的过程中进行整体谋划，改革完善城市规划，准确把握城市规划定位，加强对规划实施情况的监督，进而有效应对城市发展及城镇化建设中出现的一系列问题。

以民为本做好城市规划

在城市建设向高质量发展过程中，城市的经济社会发展、环境资源保护、国土空间格局、城乡环境建设、地上地下空间利用等与人们的生产生活息息相关。城市规划是一定时期内城市发展的蓝图，将会承载着人们对美好城市的期盼。因此，应该"坚持人民城市为人民"，结合生态文明建设、高质量发展、人民美好生活等时代要求，进一步深化和细化规划机制，让绿色、智慧、生机、健康、安全成为城市发展的方向，为人们提供合理有序的生态空间与宜居宜业的生活环境，满足人们对美好城市的向往。

（中国城市建设网，2020年6月12日）

人间烟火——地摊经济得民心

最近,李克强总理在山东烟台考察时说道:"地摊经济、小店经济是就业岗位的重要来源,是人间的烟火,和'高大上'一样,是中国的生机。市场、企业、个体工商户活起来,生存下去,再发展起来,国家才能更好!我们会给你们支持的。"这已是近期总理第二次点赞"地摊经济"。在十三届全国人大三次会议闭幕后,李克强总理回答中外记者问时,就曾为部分城市率先松绑"地摊经济"点赞。

与此同时,中央文明办发文明确要求,不将占道经营、马路市场、流动商贩列为文明城市测评考核内容,为各个城市发展"地摊经济"扫除顾虑。各地也积极响应号召,鼓励摆摊经营。例如,江西省"城管喊商贩去摆摊"这一事件也上了新闻热搜,可见各地积极助推商户恢复经营和经济复苏其意之切、力度之大、行动之强。

之所以从国家到地方,积极助推"地摊经济",是因为这次疫情给我国经济社会造成巨大冲击,各行各业受到不同程度的影响,而以街边小店、街头小吃、路边小摊为主要业态的中小微企业和个体工商户在疫情冲击下受损严重。这些小摊、小店不但能够吸纳大量人员就业,而且汇集起来还能创造巨额GDP。这些小摊、小店犹如维系社会运转的毛细血管,不仅关系着千家万户的贫与富,还关乎着国泰与民安。第四次全国经济普查统计,我国个体经营者数量在2018年末已达到6 000多万个。最新的数据显示,我国各类小店数量约为1亿家,带动着3亿人的就业。

正如总理所讲,"就业是最大的民生,对于一个家庭来说这是天大的事情。中国有9亿劳动力,没有就业那就只是9亿张吃饭的口,有了就业就是9亿双可以创造巨大财富的手。"

可见,在疫情防控常态化与复工复产加速推进之时,从国家到地方多措并举重启"地摊经济""小店经济",就是"采取措施打破那些不合理的条条框框,让更多新就业岗位成长起来",创造更多新的就业岗位,让人们安居乐业。

小摊点关乎大民生。小摊、小店是经济社会发展不可或缺的重要力量,是现阶段我国经济发展的重要支撑。从国家到地方以包容、灵活、人性化的政策鼓励"地摊经济""小店经济"发展,是人民至上执政理念的延伸,是保民生、促就业的重要举措,不仅能够顺应疫情防控常态化的要求,还能满足居民多元化消费需求,有利于做好"六稳"工作、落实好"六保"任务,同时又能给城市和经济社会带来新的活力与生机,又能让城市满是人情味和烟火气。

在积极助推"地摊经济""小店经济"复苏的同时,还需从城市精细化管理、规章制度完善、人性化科学监管等方面着手,在不影响城市正常运转的情况下,用更为科学更有温度的举措,因地制宜找到一条适合自身特色的发展之路,科学有效引导"地摊经济"长效发展,实现经济复苏、就业增收、便民利民等多方面的效益,为百姓谋福利,为城市增活力,为经济添动力。

(《城市建设》杂志,2020年6月20日)

做生态环境的坚定维护者

今年是"十三五"规划的收官之年，也是打赢污染防治攻坚战阶段性目标的实现之年。随着生态文明建设大力推进、绿水青山就是金山银山理念的深入人心，我国生态文明建设实现了从宏观长远布局到微观具体措施的系统性、全局性、科学性的规划与发展。经过全国上下共同努力，蓝天、碧水、净土重回人们身边，人们的生态获得感不断增强，生态环境状况有了持续改善。但由于我国人均资源相对不足，城乡地区差异较大，生态环境较为脆弱等一系列原因，未来污染防治工作并不能松懈，生态保护还应继续发力。

生态兴则文明兴，生态衰则文明衰。保护生态环境，全面推动绿色发展。绿色发展是实现良好的生态环境的有效途径。要继续建立健全绿色生产和消费的法律制度和政策导向，形成绿色低碳、循环发展的经济体系。加快经济结构和能源结构调整，优化国土空间开发和布局，培育壮大节能环保产业、清洁生产产业和清洁能源产业，推进资源全面节约和循环利用，倡导简约适度和绿色低碳的生活方式，更新发展理念，将绿色发展理念全面贯穿于社会经济生活生产全过程，实现自然价值和自然资本增值，有效保护生态环境，让未来社会经济发展更具潜力和活力。

保护生态环境，推进乡村振兴与生态保护协调发展。今年是决胜全面建成小康社会、决战脱贫攻坚之年，要让亿万贫困人口实现脱贫，还要打造"产业兴旺、生态宜居、乡风文明、治理有效、生活富裕"的现代化新农村。首先,应让人们认识到环境污染对自然、社会、自身的危害,从心底接受"生态优先,绿色发展"的理念,并将理念潜移默化到日常生产生活中。此外,还应因地制宜推进农业农村污染治理,让农村告别"脏乱差";推进农村黑臭水体排查和治理,保证农村生活用水的洁净安全;加快土壤污染防治工作,发展绿色农业,保证粮食作物安全;推进厕所革命及垃圾分类工作,提升农村人居环境品质;推进乡村旅游发展,促进农村绿色服务产业发展;引导农村发展线上经济,利用农村电商,实现村民绿色脱贫。

保护生态环境,持续推进垃圾分类工作。虽然我国生态文明建设成效显著,但是垃圾产量日益增长、资源污染浪费等现象并未有效遏制。在这个重要节点,在全国范围内推广垃圾分类,既是减少垃圾处置数量和资源浪费的有效途径,又是改善人们生存环境状态和节约使用资源的重要举措。因此,做好垃圾分类具有社会、经济、生态等多方面的效益。垃圾分类,事关千家万户,要真正使得垃圾分类成为长效机制,需从法律、行政、经济、技术、文化、教育等多方面科学推进,以此实现全社会的绿色发展、循环发展、可持续发展。

(中国城市建设网,2020年5月22日)

用民本思想提升城市建筑风貌

随着我国城镇化建设的快速发展，城市建设规模不断扩张，城市在经历一系列更新及建设后，虽然成就了不少杰出新地标，但一些城市也出现了缺乏特色、模仿复制、千城一面等城市建设问题，"贪大、媚洋、求怪"是其主要突出现象，不仅影响城市特色与形象的提升，还影响了人们对城市越来越高的人居环境要求及对城市风貌品质的追求。城市建筑犹如城市灵魂，是城市风貌的重要组成部分。以人为本的城市建筑，有利于提升城市风貌、展现时代特色、延续城市文脉、塑造城市整体形象。

以人为本——尊重城市发展客观规律

城市风貌特色是城市魅力的集中展现，是一座城市区别于另一座城市的特色所在。在过去高速发展的城市建设进程中，有诸多唯行政长官意志、唯开发者利益等违背城市发展规律，违背民众意愿的建筑，导致城市建筑"不中不洋""奇奇怪怪""大而不当"……不仅让城市失去独特性，还浪费资源，伤害民众利益，破坏历史建筑。这种不尊重城市发展客观规律，违背民心民意，没有科学决策、有效监管的做法，是落后的城市发展观。在城市建设中，要牢固树立以人为本的思想，要在尊重城市发展客观规律的基础上，通过科学决策和有效引导，使城市建筑风貌与城市发展协调并进，使建筑彰显地域特色，打造具有人文关怀的公共场所，让城市更有气质和温度。

汇集民智——逐步建立城市总建筑师制度

在城市建设过程中，公共空间尤其是重要公共建筑、地标性建筑、公园景区等一旦建成就进入公共利益领域，公众对其利用体验及感受评价，使建筑物更具公共性。城市的规划、建设、发展与民众息息相关，民众是城市真正的主人。在打造城市建筑风貌过程中需要提高城市建筑使用主体——民众的参与程度。通过多种渠道、多种形式充分征集和听取民众对城市建筑风貌的意见和建议，发挥群众的集体智慧，让城市建筑风貌更加切合民意、贴近民心，更符合公众的利益。同时，要逐步建立起城市总建筑师制度，通过城市总建筑师来对城市与建筑风貌进行整体指导和监督把关，去伪存真，科学论证，才能让城市规划发展、建筑设计的决策更具可行性、准确性、严密性和科学性，才能让城市健康发展，提升人居环境水平。

科学管理——提升城市建筑风貌整体水平

在城镇化快速发展的过程中，城市面貌日新月异，但城市建筑风貌缺乏文化特色、过于单一乏味，抄袭模仿的雷人建筑层出不穷，对历史建筑破坏性开发等问题，一直遭人诟病。缺乏有效的科学监管，是其不得根治的原因之一。最近发布的《住房和城乡建设部 国家发展改革委关于进一步加强城市与建筑风貌管理的通知》，明确了"适用、经济、绿色、美观"新时期建筑方针，并对城市与建筑风貌管理重点、管理制度、责任落实等相关事宜进一步明确，为今后城市与建筑风貌管理的制度完善和创新指明了方向。通过加强对城市与建筑风貌的科学管理、严格监督，才能让城市建筑告别"贪大、媚洋、求怪"的乱象，才能因地制宜提升建筑内在质量与外在形象。这既是对历史文脉的保护和延续，也是文化自觉、文化自信的时代要求，更是民本思想在提升城市治理能力方面的具体体现。

（《城市建设》杂志，2020年5月20日）

激活智慧旅游消费潜力

刚刚过去的五一小长假,走出家门到公园或景区游览观赏又成了新常态。有不少景区,已不再是游人的"蜂拥而至"、景点的"人山人海",而是安全、有序的游览环境和宽松、舒适的游览氛围。安全、平稳、有序的景区环境要多亏"智慧旅游"的广泛应用。

智慧旅游是运用新一代信息网络技术和装备,充分准确及时感知和使用各类旅游信息,从而实现旅游服务、旅游管理、旅游营销、旅游体验的智能化。近年来,全国各省份智慧景区明显增多,智慧旅游服务能力、管理能力有了很大提升,尤其是今年,在疫情防控常态化的情况下,各景区倡导线上预约制,促进了智慧旅游进一步发展。

对于景区,智慧旅游系统能够整合各类旅游数据资源,有利于景区科学管理,提升服务品质,增加旅游收入;对于游客,可以利用景区发布的信息,做好出游规划,提前预约,感受便捷、轻松的旅游环境。可见,做好智慧旅游,景区和游客能双获益。随着旅游业的快速发展,在建设智慧旅游景区时还需完善或提升的几个方面有:

完善网络设施建设,夯实智慧旅游基础

智慧旅游平台建设需要利用多种先进技术,将旅游资源和各类信息资源进行系统整合和深度开发,提升景区管理调控和服务品质,满足游客多元化的信息和体验需求,这需要强大的数据系统来支持。因此,建设智慧旅游景区,应完善以5G、物联网、工业互联网、卫星互联网为引领的通信网络基础设施建设，夯实以人工智能、云计算、区块链等为核心的新技术基础设施搭建，打造以数据中心、智能计算中心为代表的算力基础设施。完善的通信网络基础设施、过硬的新技术基础设施、智能的算力基础设施，才能为智慧城市发展提供最基础、最核心的动力，进而推动各城市智慧旅游的发展。

实现信息共享，提升智慧旅游应急能力

做好智慧旅游建设，需要建立标准统一、网络互连、数据共享的发展模式，建立健全国家、省、市、县、景区旅游综合管理平台，实现景区、公安、交通、餐饮、天气、住宿、商超、公共服务等信息共享，联通"城市大脑"、智慧城市平台，有利于景区提升综合信息发布、应急管理能力，有利于游客及时作出游览规划和调整。今年五一假期，不少省份利用大数据中心连线各个景区，实时监测、科学研判、及时预警，一旦发现景区游客接待量达到核定最大承载量30%时，立即向相关旅游景区进行预警，兼顾了疫情期间旅游服务质量和安全防控要求。

"线上线下"双管齐下，奠定智慧旅游市场基础

在疫情冲击下，各文旅企业受到不同程度的影响，如何提振旅游消费，智慧旅游提供了好的方案。今年五一假期，景区利用智慧平台实行分时段预约制度，推出网络预约购票服务，不仅增加了旅游收入，也给游客带来舒适安全的旅游体验，"无预约不旅游"深受游客认同，预约制渐成旅游常态。同时，线上直播为一些景区带来复苏生机，一些景区充分利用微博、微信、直播平台等新媒体，改变传统的营销模式，通过线上直播等方式，让游客足不出户便能领略各地风光，并且带动了相关旅游衍生品的销售。各景区通过创新营销模式，为游客线上、线下旅游带来更丰富多样的选择和更优质的体验，为激活旅游市场奠定了充足的客户资源。

（中国城市建设网，2020年5月8日）

旅游与防疫实现双胜利
——过好疫情下的小长假

今年的五一小长假显得格外特别，随着疫情防控进入常态化，不少人选择走出家门，与大自然来个亲切拥抱。然而，新增境外输入病例和无症状感染者仍然存在，旅游过程中并非零风险。所以，五一假期尽量选择户外游，出游不扎堆、不聚集。往年的五一假期，是汇集旅游、婚庆、展销以及庆祝母亲节等多种活动于一身的消费高峰期，今年由于国内外疫情的原因，我国旅游、餐饮、外贸等行业受到不同程度的影响，为了扩大内需，增加消费，我国采取积极的常态化疫情防控措施，各地纷纷出台政策，提振文旅等产业发展。如何使五一假期疫情防控和景区安全有序开放实现双胜利，是当下亟待解决的现实问题。

推动全域旅游、智慧旅游高质量发展，吸引人们就近就地游

各地在加强疫情防控不松劲儿的同时，也要抓紧开展经济社会发展各项工作。随着五一假期的到来，各地会迎来出游小高峰。不少地区出台政策，暂时不鼓励境外旅游、跨省份出游，同时推出省内游的精品路线，在做好疫情防控工作的同时，满足人们的出游需求，帮助旅游行业恢复发展。各地应在疫情防控不松懈的态势下，积极探索全域旅游及智慧旅游的发展模式，完善交通、住宿、餐饮等配套设施，改善当地旅游设施和服务，深挖乡村、休闲、自然风光特色，大力发展全域旅游。要鼓励智慧旅游的发展，利用云计算、大数据、物联网等新技术，及时发布旅游方面的信息，做好旅游相关配套服务，提升人们旅游体验。打造各地精品旅游资源，推动各地旅游业高质量发展，让人们就近就地便能欣赏大好河山，品味文化盛宴，感受特色服务。

推进景区游览线上预约制发展，避免扎堆聚集

随着国内生产生活秩序恢复，全国各地部分景区已有序开放。面对五一旅游高峰的这次"大考"，如何避免出现清明节部分景区人满为患、扎堆聚集现象，各地景区纷纷出台对策，采取景区限流，网上预约等形式，保障景区游客量不"超载"。防控决不能流于形式，要落到行动，应严格控制景区游客数量，坚持防控为先，实行限量开放；景区应按照规定，开放室外区域，室内场所暂不开放；开展智慧景区的硬件设施建设，实施科学合理的限流和分流管理，让线上预约制形成常态化；积极推出互联网售票、人脸识别、二维码验票等多种方式相结合，减少人员接触及扎堆排队；鼓励分时段游览预约，引导游客间隔入园、错峰旅游；完善景区应急预案、加强景区安全宣传，有效制止聚集性旅游。

做好个人防护，做健康文明旅游践行者

假期出游，可以放松心情，但不能放松防控意识，应时刻谨记文明旅游与疫情防控的要求，这不仅是对自我健康的负责，也是为公共健康出力。首先，出游前做好规划，提前预约，养成"无预约、不出游"的科学出游习惯；在进入景区前，要做好个人防护，戴好口罩，积极配合景区测体温，检查健康码，如实告知景区工作人员自身健康状况；在景区游玩，要遵守公共秩序和安全警示规定，自觉养成1米以上的排队间距，坚持分散式游览，避免人员聚集，不随地吐痰、乱扔垃圾，做文明旅游、安全健康旅游的执行者。

（中国城市建设网，2020年5月1日）

线上经济给消费加动力

——疫情之下,传统产业衍生新业态

突然遭际的新冠肺炎疫情,给很多传统产业造成发展困境。为了寻得生机与发展,在疫情期间,不少企业、商家甚至地方政府,利用"线上"模式,开启了复产复工新局面。"云上看樱花""云游博物馆""珠峰云游"等线上直播突破百万点击量;明星+网红"直播带货"、企业老板"直播带货"……地方政府官员"直播带货"或将成为"新常态"。

数据统计显示,在决战决胜脱贫攻坚座谈会后,仅3月份就有130多位县长入驻网上直播平台为当地的农产品"带货"。同时,今年前3个月,我国实物商品网上零售额同比增长5.9%,占社会消费品零售总额的比重达到了23.6%。目前,虽然城乡消费受疫情影响暂时抑制,但人们的消费需求并没有消失,这将促使线上消费不断发展、业态不断翻新,我国消费市场仍旧潜力巨大。只有消费旺了,产品才有出路,复工复产才能达产增产。可见,发展线上经济,是适应经济社会发展新形势的内在要求,对于培育经济发展新动能,推动产业转型升级,加快企业创新驱动发展,实现脱贫攻坚,促进经济平稳健康发展具有十分重要的意义。

加强网络基础设施构建 保障线上经济不断"线"

线上经济是基于互联网所产生的经济活动的总和,具有跨界融合、开放共享、高成长低成本的特征,是信息网络化时代一种新的经济现象。网络基础设施是实现线上经济最底层的基础设施。强化网络基础设施建设,筑牢网络之基,推进互联网、云计算、大数据、5G技术等先进信息技术落地发展，特别是农村网络基础设施的发展与完善，将有利于推动传统产业转型升级，实现降本提质增效；将有利于培育新模式、新业态、新产业，促进新旧动能转换；将有利于增加就业，提振消费；将有利于推销农副产品，帮助农民增收，实现脱贫、振兴乡村。

完善物流配套服务　优化城乡快递网点布局

线上经济的完美展现，除了依托网络基础，还需快捷且完善的物流体系的运转，才能将商品送达消费者手中。这就需要物流企业采取互联网、云计算、大数据等先进信息技术，加强技术创新和商业模式创新，优化供应链管理和资源配置，不断提升发展水平；完善快递服务网络，优化城乡快递网点科学布局，构建点多、面广、深耕社区、服务更多人群的物流网络，为群众提供方便快捷、优质高效的配送服务，助力线上经济发展；培养专业化的物流配送人员，开展专业化培训，顺势而为，发展"无接触"式配送，提升配送服务品质。

加强监督管理　用法律法规保驾护航

无论是直播带货，还是电子商务，其实质仍旧是把商品提供给消费者。而商品的质量，是发展线上经济的关键。目前，直播行业、网络购物等线上经济仍存在各种陷阱，商品质量参差不齐，不良的消费体验不仅损害消费者权益，还会影响相关部门的公信力，更不利于线上经济健康发展。因此，要加强相关部门对线上经济的监督管理，加快出台相应的法律法规，对线上经济经营者依法依规进行引导和监管，促使线上经济经营者诚实守信、公平竞争，维护好网络市场秩序，依法保障消费者合法权益，促进线上经济高质量发展。

（中国城市建设网，2020年4月24日）

绿色发展与疫情防控兼顾并重

通过坚持走"生态优先、绿色发展"之路,坚决打好三大污染防治攻坚战,坚定不移推进生态文明建设,牢固树立"绿水青山就是金山银山"理念,我国的绿色空间结构逐步优化,山水林田湖草海生态修复卓有成效,国土绿化面积持续增长,城乡环境品质大幅提升,人均绿地面积不断增加……老百姓切实感受到人与自然和谐共生带来的红利,生态惠民、生态利民、生态为民的绿色发展理念成为全社会共识。

抗击新冠肺炎疫情与加快企业复工复产同步推进的大考阶段和重要节点即将到来,决不能因为暂时的困难再重走"先污染、后治理"的老路,竭泽而渔的发展方式曾给我国社会及经济发展带来严重苦果。此时,坚定践行绿色发展理念,坚持人与自然和谐发展,持续推进生态文明建设才能为今后发展提供持续保证。

推动绿色经济发展,优化产业布局。经济发展不能以破坏生态为代价,生态本身就是经济,保护生态就是发展生产力。经济发展应在生态环境和人类自身可以承受的条件下进行。如果盲目追求生产量,不顾生态承载力,就会造成生态环境与社会发展的失衡。因此,要倡导以生态与经济协调发展为核心的可持续发展经济,即绿色经济。在生产过程中,通过坚持绿色生产方式,发挥创新创造能力,提高自然资源的利用率,消除或减少环境污染,可以做到优化产业布局,淘汰落后产能,培育产业新动能,增加就业机会;还能有效维护生态环境,合理保护资源及能源,并促进人类及社会经济可持续发展。

推动绿色发展相关法律法规出台，完善制度体系。绿色发展是实现人类发展与生态环境保护和谐统一的科学发展模式。这次新冠肺炎疫情，让我们更加明白"人类对大自然的伤害最终会伤及自身"这句话的意义。在经济社会发展中，要填补关于生态环境保护、野生动植物保护、能源资源保护、污染防治等方面的法律空白，在梳理现有法律法规的基础上，加快制定新的促进绿色发展的法律法规，完善监督问责机制，用"最严格制度、最严密法治"为生态文明建设保驾护航，让制度成为刚性的约束和不可触碰的高压线。

推动绿色发展文化建设，提倡文明健康、绿色环保的生活方式。这次新冠肺炎疫情让我们认识到，国家民族仅有经济崛起是不够的，还应让百姓树立起先进的绿色文明思想理念，拥有文化自信。因此，推动绿色发展文化建设势在必行。今后，应通过学校教育、媒体报道、政策引导、制度约束、社区服务等多种方式，践行绿色发展理念，让绿色发展理念参与构筑国家、民族、人民的文化自信。润物细无声，将绿色发展理念更好地融入人们的日常生活，在人们的社会生活实践中成为行为自觉。作为个人，要持之以恒，携手行动，选择绿色低碳、健康卫生的生活方式，用点滴之力汇聚成绿色发展的强大合力，为彻底打赢疫情防控阻击战增加动力。

（中国城市建设网，2020年4月17日）

城市大脑让城市更具免疫力

随着人工智能、5G、大数据等技术不断发展，工业文明已经步入智能生产的阶段，智慧城市建设也已融入各行各业。城市大脑作为智慧城市的重要部分，是城市未来智慧建设必不可少的支撑。

2016年我国首次提出城市大脑的概念并开始了试点建设，如今城市大脑已在我国多座城市应用发展。今年疫情发生以来，我国许多城市利用城市大脑疫情防控平台，构建疫情跟踪防控及预警体系，利用大数据进行排查与预警，有效阻断了疫情传播扩散。同时，各个城市相继推出"健康码""绿码"等小程序，在疫情防控下保障了城市有序运行、推动了城市复工复产。可见，利用大数据打造的城市大脑，不仅能在平时治理城市病等难题，还能在特殊时期进一步发挥其聪明才智，让城市更具免疫力和复原力。

3月31日，习近平主席在杭州城市大脑运营指挥中心考察时指出，"运用大数据、云计算、区块链、人工智能等前沿技术推动城市管理手段、管理模式、管理理念创新，从数字化到智能化再到智慧化，让城市更聪明一些、更智慧一些，是推动城市治理体系和治理能力现代化的必由之路，前景广阔。"随着我国新型城镇化纵深发展，未来，城市大脑为政府注智、为城市赋能，运用城市大脑等新技术推动城市治理现代化已成必由之路。

科学规划、统筹设计，构建城市大脑。科学统筹，以"五位一体"

总体布局为规划基础，以国家长治久安、人民安居乐业为出发点，来规划安排、长久布局。以经济、政治、文化、社会、生态五个方面为根基总目录，细分由此派生出的多领域、多方面的分目录，加以区别和管理，做好基础规划，科学设计城市的方方面面。以此为基础，方可获取较为全面的数据信息，才能丰富城市大脑，才能让城市会思考，才能让治理更有效，才能让决策更科学，才能让服务更精准，才能提升城市应急能力和免疫力。

互联互通、打破壁垒，构建城市大脑。城市大脑连接散落在城市的各种数据资源，通过打通城市神经网络，打破各部门数据孤岛，让城市各部门实现更高效的沟通和协调，给出更快捷科学的城市治理方案。这次疫情防控，城市大脑通过打破各部门、各城市之间的沟通壁垒，将数据转换为科学防控依据，构建城市实时"健康"状态大视图，形成"全时段、全区域、自动化、多途径"事件预警网络和协同治理体系，为城市综合治理和科学精准防疫提供决策依据，让城市更具免疫力和复原力。

注重基层、下沉社区，构建城市大脑。社区是社会有机体最基本的内容，是宏观社会的缩影。社区作为疫情防控的重要战场，"不智慧"的管理使得社区防控压力突显。随着各种简单快捷的小程序的研发与应用，前沿技术正全面缓解社区防控的压力。日前，多部门联合印发《新冠肺炎疫情社区防控工作信息化建设和应用指引》，要求各地推进社区防控信息化建设和应用工作。注重基层信息技术革新，让城市大脑建设覆盖社区，能够提升社区快速响应能力及数据驾驭能力。让所有城市神经末梢切实拥有智慧，利用城市大脑开展社区管理与服务，使得社区更具免疫力。

（《城市建设》杂志，2020年4月20日）

弘扬街巷文化 让传承与建设相得益彰

登高眺京洛，街巷何纷纷。

街巷，街道里巷，是城市的毛细血管，是百姓生活与工作的聚集地，是城市发展过程中不可忽视的一部分。街巷由居住形态所反映出来的社会经济活动和社会文化生活功能，构成了独特的街巷文化。街巷不但承载着城市最为深厚的文化，并赋予了一个城市丰富的历史文化传承和浓郁的人文气息，彰显城市魅力。

街巷文化是广大居民身边的生活，祖祖辈辈口耳相传的人文故事，与民间信仰、礼俗有着密切联系，是展示历史记忆的窗口。给人以历史的诗意，给城市以文化传承。

中华民族拥有五千年的文明发展史，每一座城市的街巷都有着深厚的历史文化积淀。我们要保护好街巷文化，把这些历史文化保留在城市的大街小巷里，让街巷文化融入现代城市建设，让历史的传承与现代的建设相得益彰。

弘扬街巷文化，要注重街巷文化的法制建设。建筑是构成街巷文化的一个重要部分，任何一种建筑形式与产生它的历史文化背景都密切相关。街巷的建筑文化是一个综合的内容范畴，它涵盖了街巷空间与城市结构脉络的方方面面，特别是街巷中的那些历经沧桑的历史建筑物，以及具备了不同地域风格的建筑布局和街坊、院落，都成为传达文化信息的途径。在城市发展中，常常遇到棚户区改造和工业遗址转型，同时，在城市建设和街巷环境整治中还常常出现简单粗暴的拆古建新之风，应注重开展街巷文化的法制建设工作，加强对文物古建保护的立法与执法，让街巷文化有法律护持，这样才能将街巷文化更好传承与发展。

弘扬街巷文化，要与现代经营理念相结合。根植街巷发展经济，不仅要拥有传统文化积淀，更应具备特色鲜明的产业形态，比如可采取手工技术＋民俗文化＋旅游的业态。街巷文化要找到传统文化与现代社会生活的契合点，增强当地街巷文化的感染力并放大其价值，将文化资源转换成特色产业，加强与旅游等其他产业的融合发展，使其成为推动街巷文化建设的内生动力，如北京的什刹海、南锣鼓巷，上海的南京路，南京的乌衣巷，武汉的户部巷等地。

弘扬街巷文化，要融合先进的科技力量。街巷不仅汇聚着老百姓的生产生活，还有大量的历史文化街区。在城市街巷文化保护传承中，要注重信息技术的革新，让高新技术给古老街区插上翅膀。提升街巷信息化、自动化和智能化水平，让人们可以随时体会"云旅游""云街巷"，进一步促进街巷文化的传承与发展。利用声学技术、AR 技术、大数据、物联网、5G 技术、APP 语音导览等技术与街巷文化建设深度融合，让游客都能体验一场穿越时空之旅。让街巷实现免费 WiFi、智能导游、电子讲解、信息推送等；视频监控全覆盖，做好游客密集度预警及报警、救援应用；在无接触服务的基础上，探索更多的智慧服务。

（中国城市建设网，2020 年 4 月 3 日）

城市韧性应成为城市发展"硬"实力

随着疫情防控形势的好转，如何提振经济，使城市重获生机，成为了当前城市发展的紧要问题。在人类发展的漫长历史过程中，天气、地质、传染病等各种灾害也时有发生。如何让一个城市在灾难面前"hold"住，韧性城市建设就显得尤为重要。

有韧性的城市就是使城市或城市系统能够化解和抵御外界的冲击。当各种灾害发生的时候，能承受冲击，快速应对，及时恢复，使城市功能正常运转。让城市像弹簧一样张弛有度，从容应对各种问题。

经济发展有韧性，城市才能有韧性。新冠肺炎疫情对全球经济造成严重影响，面临外部和内部各种环境的变化，我国要及时灵活调整政策，才能防范经济出现大起大伏。通过这次疫情，让我们看到，要构建更加抗压的经济运行体系、建立以产业多元为基础的经济体系的重要性。在城市发展中，要注重城市产业链安全发展，同时建立产业间的高效协同机制，保持供应链自主可控且协调发展，确保产业生产不因重大突发事件而停滞，做到稳生产，稳供应，确保城市供需平衡。

生态环境有韧性，城市方可有韧性。良好的生态环境，是美好人居环境的前提。在人与自然、人与动物和谐相处的前提下，整个生态系统才能平衡有序运转。要加强对生态环境及野生动植物保护的立法，提升人类的法制意识，同时，给城市空间留白，给鸟兽鱼虫留有一席之地。通过法治约束人类行为，科学规划未来发展，实现生态环境在经历灾害后能够自我承受、适应并实现自我修复。

体系建设有韧性，城市才会有韧性。在城市公共设施和公共服务方面，此次疫情带给我们诸多警示和思考。在城市规划和建设中，要构建更富韧性的城市公共服务体系；通过科学规划合理布局降低风险，建立安全、可靠的应急处理体系；提升基本公共服务体系特别是公共卫生服务的可靠性和包容性，以应对各类突发事件。

城市治理有韧性，城市发展才可有韧性。城市系统的运作在强调政府管理和维护的基础上，要建立公开透明的决策机制，鼓励公众和社会组织参与，共同制定城市预警、应急与恢复方案。充分利用大数据、云计算、智慧城市等科技手段，让城市在应对重大突发情况时快速做出反应；同时注重提升民众凝聚力与社区认同感，鼓励民众或民间团体有序参与城市发展和治理，为城市运转提供高效精准的社区服务，提升基层治理能力。

（中国城市建设网，2020年3月27日）

疫情之下，城镇化建设及社区治理新视域

近年来，我国新型城镇化发展取得了很大成果，但是仍存在着与新型城镇化发展不相协调的问题。特别是新冠肺炎疫情的发生，暴露出我国新型城镇化发展中的一些短板。加快转型、切实提升城镇化质量，建设宜业宜居、富有特色、充满活力的现代化城市，是我国新型城镇化的必然选择，更是建设美丽中国的内在要求。

切实提升新型城镇化质量，必须优化城镇化空间格局。疫情过后，我们需要重新审视大城市发展中的潜在风险。在发挥大城市的核心引领作用时，要推动构建多元、开放、高效、优质的新型城镇化空间布局，形成网络化、多中心的都市圈空间形态。要切实提升城镇化质量，需从区域统筹的角度出发，应按照统筹区域规划、合理布局、分工协作、以大带小的原则，立足资源环境承载能力，推动城市群和都市圈健康发展，构建大中小城市和小城镇协调发展的城镇化空间格局。要切实提升城镇化质量，还需从经济体系方面着手，在做好跨区域经济分工的同时，也要以都市圈为单位建立保障服务本地区日常运转的产业体系，以应对在处理突发事件时，有一定的自给自足能力。

切实提升新型城镇化质量，必须构建以社区为中心的生活圈，增强社区治理能力。社区治理是基层社会管理的一个方面。基层社会管理，通过政府主导、社会多方参与，从协调社会关系、规范社会行为、解决社会问题、化解社会矛盾、促进社会公正、应对社会风险、维护社会稳定等方面，为人类社会生存和发展创造了既有秩序又有活力的基础运作条件和社会环境，也是维系社会秩序的有力抓手。因此，优化基层社会管理，强化社区治理能力，将公共服务资源和行政管理事务下沉到社区，通过提升社区服务质量，建立社区与居民常态化联系机制，增强居民生活与社区的紧密度，将有利于提升社区治理能力，有利于都市生活圈的和谐发展，有利于提升城镇化发展质量。

切实提升新型城镇化质量，必须完善公共卫生体系和建设防疫抗疫体系。一个国家的公共卫生体系要保证其公益性，还要保证有足够的政府投入，因为这种投入不仅仅能够带来经济效益，更重要的是其可产生的巨大社会效益。同时，建立防疫抗疫体系，其目标在于防患未然，在此过程中要做好医疗硬件投入和医护人员培训及配备。完善公共卫生体系和建设防疫抗疫体系，可以为各种规模爆发的疾病做好准备。当瘟疫疾病到来时，可以做到"应收尽收"，彻底阻断病毒传播，两者皆备，国民健康才可保障。此外，还要加快推动医疗卫生资源向基层下沉，完善分级诊疗体制，建设一个健全和完善的公共卫生体系、传染病防范体系以及重症隔离资源管理体系。这一体系的健全和完善，是国家综合实力的象征，是国民健康的兜底性制度保障，是新型城镇化"以人为本"的内核体现。

（中国城市建设网，2020年3月20日）

不断探索城市健康安全新观念

公共安全、健康生活有保障是城市发展的前提。面对各种突发的自然灾害、瘟疫疾病或战争冲突,人类一直不停地在探索防范和抵御的措施。通过总结经验及教训使得赖以生存的家园变得越来越安全宜居。当下,新冠肺炎疫情袭击全球各地,世界各国的公共安全和健康生活遭受严重挑战和威胁,这暴露了社会发展过程中的许多问题。关于如何提高城市应急能力,这次疫情带给了我们更多的思考。

随着世界各国城镇化水平的提升,每个城镇几乎面临相同的问题,即城镇人口高度聚集与频繁流动。这增加了各类突发事件出现的概率,增加了城市公共安全的风险,加速了突发事件对公共安全和人民健康的影响。保证城市公共安全、守护人民生命健康,提升城市应急能力,是当前世界各个城市面对疫情亟待解决的问题。

我国在打赢新冠肺炎疫情阻击战过程中,总结了不少经验及教训。习近平主席指出,要针对这次疫情应对中暴露出来的短板和不足,健全国家应急管理体系,提高处理急难险重任务能力。所以,建立健全科学、规范、系统、动态的城市安全管理与保障长效机制势在必行。

首先,政府要转变决策观念,打造专业化的应急管理团队。城市是一个复杂多变的有机体,城市应急管理涉及多部门、多领域,需要更为专业的领导决策机构和工作团队。要转变以往重救治轻预防的决策理念,增强忧患意识,树立事前决策的观念,实行预防为主、预防与应急相结合的应急管理体系,在信息预测、资源配置、指挥协调等方面提早做好准备,提高事前预测的有效性。同时,建立一个高效统一且专业性强的应急管理团队,以便在短时间内迅速反应和调动资源,提高应急效率和应急救灾专业化管理水平。

其次,借助科技力量,利用大数据、物联网、5G技术等前沿技术,打造智慧健康安全城市。面对突发事件,要利用大数据等先进技术精细测量、精准追踪、复杂计算的优势,推动城市社区街道、重点地区、城中村等不同区域应急管理的精细化、人性化、有效化。同时,要通过数据分析、信息共享,推动抗灾抢险、交通运输、应急物资、城市物流和公共卫生等行业部门全面协作。将大数据技术贯穿于城市突发事件的全过程,力争做到城市公共安全风险识别科学准确、预警预报迅速、响应处置及时,加快实现城市公共安全治理的现代化,切实提升民众的幸福感、安全感。

最后,增强民众忧患意识,居安思危,防患于未然。疫情期间,口罩、酒精等用品一抢而空,药店、超市、网店里的类似物品均出现断货现象,这虽然说明人民对于疫情防护有一定的认知,但也反映民众对此类事件缺乏防范意识。在这次疫情过后,应加强民众预防和应急理念,普及民众应急常识,多开展危机自救互救能力的宣传教育和能力培训,提升民众的安全意识和对突发事件的应急处理能力。在事件出现前有预防手段,事件出现时不慌张,不盲从,有效地做好应急处理,切实保障自身以及家人和身边朋友的生命安全和财产安全,才能真正守护城市的健康与安全。

(《城市建设》杂志,2020年3月20日)

守住底线 全面推进城乡融合与协调发展

新冠肺炎疫情的发生，让我们认识到了更多以往存在但又经常忽视的城乡发展不平衡问题。正如恩格斯所说，"没有哪一次巨大的历史灾难不是以历史的进步为补偿的。"如何科学妥善地处理好城与乡两者间的关系，在一定程度上关系着新型城镇化发展的纵深程度。

改革开放以来，我国在统筹城乡发展方面取得了显著进展，城镇化已突破60%。由于此次新冠肺炎疫情发生时恰逢春运，大规模的人口流动加速了疫情的传播，给防控带来了压力。同时，应该注意，如此高的城镇化率并没有使大规模的返乡潮下降，不仅如此，这次疫情还暴露出诸如城乡要素流动不顺畅、公共资源配置不合理等问题……促进城乡融合与协调发展势在必行。

首先，要健全农业转移人口市民化机制，逐步破除城乡区域多元化限制，提升城市的包容性。近年来，我国城乡面貌发生了很大的变化，但典型的户籍、教育、社保等多方面的复杂结构仍然存在。要促进城乡融合发展，就必须要打破传统区域多领域束缚。因此，要全面有序深化户籍制度改革，从放宽区域性城乡户籍限制直至全面放开城乡户籍管制，进而深化基本公共服务制度改革和城乡住房体系改革，实现基本公共服务常住人口全覆盖，让非城市户籍的城市工作人员能稳定生活下来，同时通过非城市功能项目的疏解以及农村土地流转等各项政策引导而实现真正的城乡融合。

其次,深化落实"就地城镇化"政策,实现乡村振兴与新型城镇化融合发展。促进城乡融合发展,提高农村收入水平,就要搞活乡村经济,完善促进农民工资性收入增长环境、健全农民经营性收入增长机制、建立农民财产性收入增长机制、强化农民转移性收入保障机制、强化打赢脱贫攻坚战体制机制。通过制定相关的财政、金融、社会保障等激励政策,增加农村就业机会,不仅让更多农民在家门口就业、增加农民收入、提高农民生活水平,实现就地城镇化,还能让农村吸引各类人才返乡入乡创业。对于建设"产业兴旺、生态宜居、乡风文明、治理有效、生活富裕"的新农村发展意义非凡。通过缩小城乡收入差距,真正实现乡村经济振兴,促进城乡融合发展。

最后,要加快补齐农业农村发展短板,推动公共服务向农村延伸、社会事业向农村覆盖,加快推进城乡基本公共服务标准统一、制度并轨。我国农村公共服务现存在明显短板,这也是实现城乡融合发展必须要跨越的鸿沟。要补齐城乡差距的短板,需要从提高城乡公共服务水平、加快城乡基础设施建设等出发,通过建立城乡教育资源均衡配置机制、健全乡村医疗卫生服务体系、推进城乡公共文化服务体系、完善城乡统一的社会保险制度、统筹城乡社会救助体系、建立健全乡村治理机制等具体措施,切实提升城乡在基本公共服务普惠共享方面的融合发展。实现农村基础设施条件的改善和公共服务的全覆盖,有效解决城乡发展不平衡的问题,才能有力促进城乡融合与协调发展。

(中国城市建设网,2020年3月6日)

疫情之下,智慧城市概念的创新与提升

每一次突发事件犹如一面镜子,不仅能照出发展道路上存在的种种不足,还能照出城市综合治理存在的问题。这次新冠肺炎疫情的发生,让我们看到,城市在快速发展的同时,也面临着众多可持续发展方面的挑战,现有的城市管理模式已有所局限,必须寻求新的科技和措施,利用智慧城市,提升信息共享能力,优化资源配置,创新城市管理方式,提高为民众服务的能力。

近年来,我国智慧城市建设进入高峰期。数据显示,截至2016年底,我国100%的副省级以上城市、87%的地级以上城市提出了智慧城市计划,前三批智慧城市试点共签约311个城市。2016年,《中共中央国务院关于进一步加强城市规划建设管理工作的若干意见》要求,推进城市智慧管理,到2020年,建成一批特色鲜明的智慧城市。建设智慧城市,对加快工业化、信息化、城镇化、农业现代化,提升城市可持续发展能力具有重要意义。

同时,随着这次新冠肺炎疫情的发展,"智慧城市、城市大脑"等创新技术,在疫情防治工作中的优势凸显。无论是网上医院还是在线课堂,抑或是通过AI、大数据等手段对人流进行筛选核查等均发挥了各种"智慧"的实力,在提高城市科学化、精细化、智能化管理水平的同时,也对疫情防控起到重要作用。可见,建设智慧城市、构筑城市大脑,会让城市发展更全面、更协调、更可持续,会让城市生活变得更健康、更便捷、更美好。

未来，在建设智慧城市过程中要注意如下几个方面：

注重系统全面，科学规划智慧城市

智慧城市能够统筹规划、综合集成资源，在智慧城市规划建设中，要做到系统全面、科学真实反映当地城市发展水准。让系统科学全面发展的智慧城市，带动当地产业经济、市政管理、社会民生、资源环境和技术创新能力的提升。让城市能够得到高度有效的智慧管理。

坚持以人为本，让城市管理更加精细化

智慧城市引领的城市管理是对传统城市管理方式的扬弃，它是低碳、精准、智慧及健康的城市管理，是以人为本、高质量发展和智慧便民的城市管理。未来，智慧城市建设将以更加精细化和动态化的方式来提升政府的行政服务效能和管理水平，增强城市应对突发事件的能力，实现社会管理的创新发展。

提升信息共享能力，优化城市资源配置

这次疫情，让我们看到，很多城市医疗资源、物资储备等与城市发展规模并不匹配，同时各个城市间信息共享壁垒重重。在未来智慧城市建设中，要注意利用物联网、大数据、云计算等技术手段，整合和共享城市各类信息资源，畅通城市沟通渠道，以精准有效的数据资源，优化城市资源配置，提升城市开放水平，畅通城市沟通机制，便捷民众生活。

（中国城市建设网，2020年2月28日）

疫情警示，智能化城市管理模式亟待完善

随着抗击疫情工作的进一步深入，全面返城复工期的到来，再一次大的人口流动，又将给城市管理和疫情防控带来很大挑战。

有些地方相关部门疲于应对，暴露出城市管理方面的诸多问题，城市管理者应对公共卫生重大事件的能力不足，医疗物资储备制度不完善、信息不健全等，势必影响对疫情的全面防控。

深化户籍制度改革，完善城市管理体制。每到春节，人口的流动给城市管理者带来客观的压力和挑战。改革户籍管理制度，解决定期的没有必要的爆发性人口流动。坚持以人为本，让人们真正融入城市，而不是只在城市就业和居住，社保、教育、医疗、养老、户籍等方面仍留在家乡，这样人们才能在城市内部沉淀下来，才能减少大规模的人口离城和返城，这对城市高效管理、应对突发事件很关键。

补齐公共服务短板，提升城市管理水平。医疗资源的不足及医疗物资的储备匮乏，是湖北省本次疫情控制的短板之一。没有充足有效的公共服务供给，城市管理就将处于被动地位。因此，要不断加强工作使城市基础设施配置与常住人口相匹配、乡村基础设施建设与农业现代化相适应，提升城乡基础设施高效运行效率与互联互通水平；要不断完善城市均等化的基本公共服务设施，建立健全教育、医疗、养老、住房、金融、救助等服务体系，让居民幼有所育、学有所教、劳有所得、病有所医、老有所养、住有所居、弱有所扶，从而全面提升城市基础设施建设和公共服务水平，不断促进人的全面发展，保障人民生命安全和身体健康。

提高城市应急水平，提升城市管理能力。每一次突发事件或重大疫情，都是对一座城市应急能力的考验。本次疫情发生以来，口罩、消毒液、电子体温计等物品出现抢购及短缺，这些事件考验着各个城市的应急能力。要提升城市应急水平，增强医疗、生活以及重大灾害的物资储备能力和信息管理系统，完善重大疫情防控体制机制，健全公共卫生应急管理体系，让城市管理朝着高质量纵深发展。

同时，利用大数据、云计算、人工智能等技术，加强城市智能化管理，构建城市"智慧大脑"，提升城市管理效率。完善"市－区－街道－社区－户"的层级管理模式，做好及时有效的信息处理、共享和公开，提升公共服务智慧化水平和精准度，推动城市治理向现代化智能化模式迈进。

（中国城市建设网，2020年2月21日）

提升空间治理水平 科学应对突发事件

一场来势凶猛的新冠肺炎疫情，从湖北武汉向全国各地蔓延，截至目前，已有 31 个省（自治区、直辖市）和新疆生产建设兵团出现确诊病例 63 000 多例，防范形势异常严峻复杂。疫情的蔓延，给人民群众的生命安全和身体健康造成重大的威胁。

历史经验告诉人们，战胜凶猛的传染病，除了治，更大的重点在于防。从城市空间治理角度看，抗击疫情关键在提升城市应对能力，这样才能对突如其来的疾病或灾难防患未然，科学高效应对。一个健全的城市治理体系，应该包括常态化城市治理和非常态城市应急治理两大部分。

消除各类病毒、细菌引发的传染性瘟疫，是人类应对城市重大突发公共事件的非常态城市应急治理。2003 年肆虐我国多个城市的 SARS 病毒，重启了我国城市空间应急治理体制的篇章，也唤醒了人们对城市空间治理的重视与研究。

城市空间是城市各种活动的载体，城市空间分布格局直接影响并制约着人类的各种活动。城市空间治理就是根据经济发展阶段和社会发展特点，借助政府、社会、市场、民众等多元力量，协同共治社会发展中遇到的矛盾和问题，通过多种渠道影响城市发展的模式。一方面，城市空间治理会对自然环境产生影响，比如影响气候、水源和土壤环境等品质，因而影响城市居民的公共健康。另一方面，居民个体的生活环境如开放空间、道路交通环境、街道环境、当地饮食环境等都会在很大程度上影响城市公共健康。

当前我国城市更多的是"空间管理"而非"空间治理"。在我国城市空间管理的过程中，社会组织的力量相对薄弱，社区和公众的参与度有限，主要是依靠行政主导。如果行政管治层面出现问题，就会缺乏补救机制，造成严重后果。

城市空间治理要坚持"以人民为中心"。在公共空间的设计、建造和使用过程中要为身处其中的人们创造安全、健康、公正的环境，采取灵活、前瞻、有效的策略，通过土地利用、公共设施和道路交通系统等环境要素的布局和优化，提升生态品质，便捷城市民众生活。

城市空间治理要尊重科学规律。发挥好城市规划的协调性，让城市的服务保障能力与城市战略定位相匹配，让城市人口资源环境和城市战略定位相协调，并且引导城市空间治理在科学化、精细化、智能化方面深耕。

城市空间治理要建立评估预警体制。通过日常生活中对空间环境、公共空间、公共健康等方面进行监控，对其健康影响进行评估，防患于未然。而在传染病发生后，依据城市规划空间信息系统，科学划分防疫片区，配合"分级诊疗"，保障后勤供应，保障城市有序运转。

城市空间治理要强化跨学科合作，尤其是城市规划与公共卫生这两方面的合作。要注重城市规划、国土空间利用等方面与公共健康卫生、社区医疗保健等方面的协调及合作。通过跨学科合作逐步完善城市突发事件应对体系、提升社会治理能力，保障人民生命安全和身体健康。

（中国城市建设网，2020年2月14日）

创建健康城市 切实保障人民生活安全

2020年的春节，不期而遇的新型冠状病毒，把节日的欢快气氛改变，令人心情异常沉重。面对重大疫情，从中央到地方，形成了一个防控疫情的共同体，凝聚起打赢疫情防控阻击战的强大合力。

此次疫情，让我们深切感受到健康的重要、生命的可贵；让我们看到建设健康城市，建设健康中国任重道远。

此次疫情，让我们深切地感受到重新审视城市空间的健康性的意义、思考城市空间系统对于健康潜在作用的重要性。

早在1994年，世界卫生组织就给健康城市下了定义："健康城市应该是一个不断开发、发展自然和社会环境，并不断扩大社会资源，使人们在享受生命和充分发挥潜能方面能够互相支持的城市"。

随着健康城市在我国的落地及发展，我们逐渐认识到健康城市要从城市规划、建设到管理各个方面都以人的健康为中心，要保障广大市民健康生活和工作，要成为人类社会发展所必需的健康人群、健康环境和健康社会有机结合的发展整体。

建设健康城市，要从和谐社会、城市管理、城市经济、城市文化、城市生态等宏观的角度，为市民提供清洁安全的环境。我国在经历SARS后，健康城市建设进入全面发展阶段，许多城市通过改善城市环境，更科学地开展病媒生物防制工作，有效阻断多种疾病传播。

建设健康城市，必须把目光投向城市规划、建设、管理等各个方面，对健康城市发展要有更明确、更系统的构想。明确健康城市不仅是市政设施、不仅是医疗机构，更是一套能提供宏观和长远公共健康保障的城市系统。

建设健康城市，就要提高居民健康水平，提升人们生活质量，在城市规划中坚持健康优先，做好国土空间规划，科学统筹好城市功能分区，坚持城乡统筹一体化发展，公平有效合理配置公共服务资源，合理控制城市发展规模。

建设健康城市，就要公开透明公布城市健康信息，联防联动对抗城市疫情病害，进一步发展城市健康环境、健康社会、健康文化、健康服务和健康群体这五个健康，着力解决危害公共健康的重大慢性病及突发的传染病等问题，给人们提供公平有效高质量的医疗服务和保障。

建设健康城市，要把健康观念融入城市发展的各个方面，使健康城市建设成为城市现代化建设的组成部分，增强居民身体素质和心理健康素质，让人们在健康安全的城乡环境下宜居宜业，在健康安全的城市中充分发挥自我潜能，积极参与到众多推进公共健康的工作中。

深信在全国人民共同努力下，同舟共济，一定会打赢对抗疫情的阻击战！

（《城市建设》杂志，2020年2月20日）

2020,迎接更美丽的春天

光阴荏苒,日月如梭,2020庚子年就要到来了。在这辞旧迎新的美好时刻,我代表城市建设杂志社全体同仁向广大读者朋友们致以新春的祝福!感谢大家在过去的一年里对我们的支持与厚爱。衷心祝愿朋友们在新的一年里百尺竿头更进一步!

2019年,是中华人民共和国成立70周年,从站起来、富起来到强起来的伟大历程中,我国取得了举世瞩目的成就,经济发展进入新常态,城市发展正由速度型向质量型转变。70年来,我国经历了世界历史上规模最大、速度最快的城镇化进程,城镇化率从1949年末的10.64%提高到2019年末的60.60%。这是第一次超过60%,也是我国工业化、城镇化取得重要进展的一个标志性数据。为积极推动新型城镇化建设,我国相继出台了户籍、土地、财政、教育、就业、医保和住房等领域配套政策。与此同时,乡村振兴规划落地见效。实现"三个一亿人"目标指日可待,大城市管理更加精细,中小城市和特色小城镇蓬勃发展,城市群格局基本形成,城乡和地区发展差距进一步缩小,城乡一体化进程稳步推进。

2019年,我国的生态文明建设发生了历史性、转折性、全局性变化:水环境质量方面,2019年1月—11月,好于Ⅲ类水体的比例同比继续提高,劣Ⅴ类同比继续下降,同时,全国地级及以上城市2 899个黑臭水体消除2 513个;大气环境质量方面,2019年1月—11月,京津冀及周边地区"2+26"城市$PM_{2.5}$浓度为54微克/立方米,同比下降

1.8%，北方地区清洁取暖试点城市实现京津冀及周边地区和汾渭平原全覆盖……生态惠民，实实在在增强了人们的幸福感、获得感。

2019年，在"创新、协调、绿色、开放、共享"发展理念指导下，我国城市生态文明建设和绿色发展成效显著，海绵城市、智慧城市和"无废城市"等新型城市建设如火如荼，与此同时，蓝天保卫战、长江保护修复攻坚战、水源地保护攻坚战、国家公园建设、黄河流域生态环境治理等持续发力，垃圾分类有序开展……生态优先、绿色发展理念已经深入人们日常生活的方方面面，宜居城市建设在祖国沃土遍地开花。

2019年，我国城乡、区域交通发展逐渐平衡协调，多元化、立体化路网建设更加完善。交通强国建设持续发力，2019年提前完成具备条件的乡镇和建制村通硬化路、村村直接通邮，北京大兴国际机场"凤凰展翅"，冬奥会配套工程京张高铁开通，天津港蓬勃兴盛，取消高速公路省界收费站目标完成……铁路、民航、公路、水运等交通持续发展，四通八达的路网贯穿一个又一个城市和乡村，让天堑变通途。

2020年，进入新一年，踏上新征程，每一个城市建设者，应继续推动新型城镇化高质量发展、扎实推进城市群和都市圈建设、进一步增强城市可持续发展能力、加快推进城乡融合发展、身体力行推进生态文明建设、加快城乡交通发展进程，让我们的生活实现互联互通，让我们的家园更加宜居宜业宜游，让我们的城市充满朝气与希望。

（中国城市建设网，2020年1月24日）

多元化路网建设助力归乡情

随着春节的临近，2020年春运已经拉开大幕。2020年春运从1月10日开始，到2月18日结束，共计40天。这40天是中国人一年一度的归乡旅途，浓厚的故土情节造就了地球上最大规模的人口流动奇观。这种候鸟式的大迁徙考验着我国路网的载客运输能力，考验着春运是否能将漂泊在外的游子们安全如期送至家乡。

最新数据显示，2020年春运全国旅客发送量将达到约30亿人次，比上年略增。其中，道路24.3亿人次，下降1.2%；铁路4.4亿人次，增长8%；民航7 900万人次，增长8.4%；水运4 500万人次，增长9.6%。

随着我国新型城镇化的发展及交通强国的建设，我国城乡、区域发展逐渐平衡协调，立体化路网建设更加完善。相较往年，今年的春运迁移人口总量增长放缓，长距离迁移比例降低，供需总量矛盾呈缓和趋势；人们出行方式更加多元化，自驾出行持续增长。不过，2020年春节较早，正逢大中专院校放假和务工人员集中返乡，货运流与学生放假流、务工人员返乡流相互叠加，节前客流高峰呈现来得早、时间长、峰值高等特点，铁路部分重点方向、民航少量热点航线运力仍面临不小的压力。

近年来，我国铁路运行里程持续增长，铁路网络逐渐成熟，客货运输运力显著提升，"中国名片"高铁更快更强。截至2019年底，京张高铁、京雄城际北京大兴机场段、昌赣高铁、成贵高铁、浩吉铁路等51条新线建成投产，投产铁路新线8 489公里，其中高铁5 474公里，我国铁路营业里程达到13.9万公里以上，其中高铁3.5万公里。铁路线路多了、运力增了、服务好了，旅客出行更快捷更方便了。完善的路网规模，清晰的路网骨架，便捷人性化的服务，折射出我国综合国力的提升，折射出春运旅途将变得快捷与高效。

近年来，我国民航行业在交通发展中的地位愈发凸显。2019年民航运输成绩斐然，运输航空完成运输总周转量1 292.7亿吨公里、旅客运输量6.6亿人次、货邮运输量752.6万吨；全国千万级机场达39个；完成中国民航历史上范围最广、影响最大的一次班机航线调整，新增航路航线里程9 275公里；民航旅客周转量在综合交通运输体系中的占比达32.8%；运输机场总数达238个，229个机场和主要航空公司可实现"无纸化"出行……今年春运，民航预计保障境内外航空公司70.4万起降架次，此外，北京大兴国际机场投入使用，进一步完善了京津冀综合交通体系。

近年来，我国公路如织、高速成网、农村道路通达，这让春运变得更加便捷化。交通运输部指出，到2020年，我国将建成国家骨架公路网，全国高速公路总里程预计将达到7万公里；取消全国高速公路省界收费站完工，实现高速公路电子不停车快捷收费；提前实现具备条件的乡镇和建制村通硬化路、村村直接通邮的兜底性目标任务，"乡乡村村硬化路，四通八达奔小康"的梦想逐步实现。对很多人来说，公路运输起到一个"兜底"和"最后一公里"的作用，2019年以来，我国新增通客车建制村超过9 400个，其中贫困地区超过5 800个，24个省份实现所有具备条件的乡镇、建制村通客车。各级公路的建设，不仅让人们春运路途走得了，更让春运路途变通畅。

完善的综合化交通网络、深度融合的科技创新服务、多元化的出行方式，让人们告别了"买票难、回家难"的春运难题，让回家的路更加从容畅通，让远方的家近在咫尺。

（中国城市建设网，2020年1月17日）

莫让火患毁掉城市记忆

近期,澳大利亚林火经过跨年仍没有熄灭的迹象,无数植物、动物、城镇淹没在熊熊大火中,不复存在。前几日,德国一家拥有200多年历史的五星级豪华酒店在历经8个小时的大火后,几乎被完全摧毁。去年法国巴黎圣母院火灾的悲剧再次重演……火种,既是人类文明的开拓者,又是人类文明的覆灭者。对于火,既要存有敬畏之心,又应防患于未然。面对被大火吞噬的生命、城镇、古迹,人类除了扼腕叹息,了解、掌握防火的相关知识越发显得必要。

建筑,是会说话的历史;古建筑,是城市的记忆;古建筑中的文化遗产,更是城市的灵魂。我国有很多历史悠久、弥足珍贵的古建遗址,而且大多古建是木质结构,这种材质的建筑一旦遇火,极易燃烧,顺势会"火烧连营",造成的损失将不可估量,会说话的历史将会"断代",城市记忆也会消失。正如我国现存的最大木质结构宫殿——故宫博物院的院长王旭东所说:"伟大的美丽瞬间消失,消防安全永远是文化遗产保护的重中之重"。

我国一直高度重视对古建筑的防火保护,宪法第22条第2款规定:"国家保护名胜古迹、珍贵文物和其他重要历史文化遗产。"2002年文物保护法修订颁布,2018年《关于实施革命文物保护利用工程(2018—2022年)的意见》《关于加强文物保护利用改革的若干意见》两个文件相继出台。此外,在我国消防法里也专门提到了古建筑的防火保护。国家文物局还出台了《文物建筑电器火灾防控技术标准》。

在法律法规及具体的规章意见约束下，我国文物消防安全系数逐年升高。相关数据显示，2017年我国发生文物火灾事故共17起，其中，全国重点文物保护单位发生火灾事故6起，电气引起的火灾事故3起，用火管理不善引起的1起。2018年全国发生文物火灾事故共12起，全国重点文物保护单位发生火灾事故3起，省级文物保护单位1起，市县级文物保护单位3起，尚未核定公布为文物保护单位的不可移动文物建筑5起。总体来看，2018年度文物火灾事故数量较2017年度有所下降，其中，国保单位火灾事故数量下降50%，火灾损失也有所减轻。总体上，文物消防安全形势较为平稳，但面临的古建防火压力依然很大。

要做好古建筑的防火工作，除了法律法规来保障外，还需要从多方面着手。对于古建管理单位，要进行消防设备的更新换代、合理布置古建内的消防设施、保持消防通道的畅通、配备专业的消防技术人员、构建24小时全程监控的智慧消防体系、保证建筑布线质量安全、提高全体工作人员的消防知识……古建筑的防火，"防"大于"消"，要在平时做好消防安全的监控预警，破除古建消防管理的误区盲点，提高古建消防安全的现代化水平，防患于未然。

保护文物古建不仅仅是古建相关工作人员的事情，面对人类文明的瑰宝，谁也不应"独善其身"。所以，我们要学会使用消防器材、认识消防标识，不私自移动古建筑内的消防设施、不占用消防通道，不在古建筑内使用明火、不吸烟，不在古建附近燃放烟花爆竹、不放飞孔明灯，一旦发现违法违规者要勇于指正或举报，发现古建遇火要主动拨打119……用自己的一言一行来为古建的消防安全保驾护航。

（《城市建设》杂志，2020年1月20日）

让宜居城市落地生根

城市的兴衰发展，与我们每个人息息相关。人们对美好居住环境的向往，是城市更为宜居的动力，也是我们城市建设者的奋斗目标。

宜居城市应是以人为本的，用以人为核心的理念来规划发展建设的城市。在宜居城市建设过程中，要设身处地考虑人们的生活发展情况，合理安排生产、生活、生态空间和公共空间，让人们有休闲、健身、娱乐的地方，让人们能够在城市中充分就业，让城市成为人们宜居宜业宜游的乐园。

宜居城市应是生态之城。天蓝、地绿、水净是对宜居城市的基本要求。宜居城市建设要坚持生态优先、绿色发展理念，要尊重自然、顺应自然，将生态文明观贯穿其中，依托现有山水脉络等独特风光，让城市融入大自然，让城市居民望得见山、看得见水、记得住乡愁。

宜居城市应是人文之城。城市是文化的载体，文化是城市的基因。当历史和人文融入城市，成为城市文明的一部分，才能为人们提供更多滋养。宜居城市应是充满人文风情的城市。建设宜居城市要注意提升人们文化素养、涵养人们文明素质，形成相互尊重、充满关爱的社会氛围。同时，还要加大文化设施建设、梳理城市历史脉络，让文化设施建设能够展现城市发展各个历史时期的重要节点，提升城市软实力。

宜居城市应是平安之城。如今，公共安全已经成为人们日益关心的大事。社会稳定、城市安全是评价一个城市宜居程度的重要指标。平安城市建设涵盖社会方方面面众多领域，要本着全心全意为人民服务的原则，站在城市综合管理的高度，着眼现实，规划未来，建立全方位的立体防护及预警体系，保障城市和谐稳定。

宜居城市应是智慧之城。智慧城市带给人们高效便捷的生活生产方式，推动各行各业正常运转，为城市高质量发展注入强劲动力，智慧城市是当代宜居城市重要评价标准。这里的智慧包含城"智"和人"智"。城"智"即智慧城市建设，把新一代信息技术充分运用在城市中各行各业，实现信息化、工业化与城镇化深度融合，提高城镇化质量，提升城市管理成效，改善人们生活质量。人"智"，即提高民众受教育程度，开启民智，增强人们创新创造能力，提升文化素养。在尊重人才，用好人才的大背景下，才能留住人才，才能增强城市自主创新能力，才能激发城市发展活力，才能让城市越来越宜居。

宜居，是人们对城市亘古不变的渴求，随着时代发展，也将历久弥新。让我们朝着共同的目标，携手努力，一张蓝图干到底，把蓝图变成现实，让宜居城市在祖国的沃土上落地生根，让人们生活得更加自在幸福。

（中国城市建设网，2020年1月3日）

第二章

二〇一九年十二月至二〇一九年一月

民生优先造就幸福澳门

2019年12月20日,是澳门回归祖国20周年,也是《中华人民共和国澳门特别行政区基本法》实施20周年。20年来,澳门迎来日新月异的发展,城市建设成就辉煌,社会治理卓有成效,多次荣获宜居城市赞誉,居民的幸福感、获得感、安全感大幅提升。其中的经验值得我们探讨和学习。

20年来,澳门特区政府紧守"一国"之本,善用"两制"之利,加强爱国思想教育,贯彻以人为本、民生优先发展理念,推进政务服务改革,创新社会治理,倡导绿色发展,重视文化特色,构建了共建共享共治的社会治理格局,打造出宜居宜业宜游宜乐的新家园。

据相关数据显示,澳门本地生产总值从1999年的519亿澳门元增至2018年的4 447亿澳门元,实现了跨越式发展;人均GDP也由1999年的12万澳门元跃升至2018年的67万澳门元,位列世界前茅;人类发展指数0.909,属于极高范畴;2018年居民平均寿命达到83.7岁,处于世界前列;至2018年底,累计财政盈余达5 056亿澳门元,较1999年增长193倍;本地居民充分就业,失业率从回归之初的6.3%下降到2018年的1.8%;政府主导建成5.1万套公共房屋,保障中低收入人群安居需求……数字背后,是一项项具体的政策改革,是一件件细微的民生服务。

澳门特区政府在祖国的支持下,大力发展经济,把"发展为民、民生优先"的理念贯穿施政的全过程，无论是顶层设计还是具体实施环节，围绕民生关切问题，切实为居民生活生产排忧解难，先后建立六大长效机制，包括社会保障体系、住屋、医疗、教育、人才培养、防灾减灾等方面。此外，从广大居民切身利益出发，推进澳门城市安全建设；本着"科技强澳"的理念，加速融入国家发展大局；高度重视解决"城市病"问题，加强居民绿色环保意识，多措并举实现人与自然的和谐发展，打造绿色生态之城。诸多具体措施，让居民共享繁荣澳门、安全澳门、绿色澳门。

同时，澳门特区政府加快政府职能转变，打造服务型政府。通过推进公共行政改革，优化公共决策系统，提升政府治理能力的现代化水平；不断提升公共行政服务水平，努力建设一支廉政爱民、敢于承担、勇于创新的公务人员队伍；不断推动行政改革，推进智慧城市建设。一系列的改革，提升了服务质量，创新了社会治理理念，便捷利民的公共服务和高效廉洁的政务队伍获得了居民们的好口碑。

澳门特区政府还注重发挥澳门独特的文化优势，积极弘扬中华优秀传统文化，打造以中华文化为主流、多元文化共存的交流合作基地，形成了爱国爱澳的社会氛围，构建了别具风情的城市特色，使得澳门更具吸引力，旅游休闲地位更加稳固。

澳门特区政府坚持"以人为本"的发展理念，打造民生优先的人民城市，打造服务型的特区政府，积极响应社会和居民的民生需求，采取一系列具体解决办法和应对措施，发展经济，施政惠民，创新服务，纾解民困，让居民安居乐业；同时，因地制宜发展特色产业，打造独具特色的文化之城，造就了城市和谐稳定，经济繁荣向好，社会文明开放，居民充满幸福感、获得感、安全感的和谐宜居之城。

（中国城市建设网，2019年12月20日）

推进智慧城市向系统化市场化法治化发展

全面建成小康社会，离不开智慧城市建设。智慧城市通过促使互联网、大数据、人工智能等与经济社会深度融合，继而改变人们生产生活方式，推动各行各业深刻变革，为城市高质量发展注入强劲动力。

1993年以来，智慧城市理念在全国范围内悄然兴起，许多城市积极开展智慧城市建设。一些地区在数字城市建设基础上，通过将城市的公共服务资源信息与互联网有机连接，对城市运转作出智能化响应，让物与物、物与人、人与人实现互联互通，带给城市居民高效便捷的生活方式，促进各行各业效率的提高，合理规划城市交通出行，深化医疗资源共享程度，提升城市管理对信息全面感知的能力，改善政府对城市及对环境的监控与预警等，从而极大提升了人民群众的物质和文化生活水平，极大提高了政府管理和服务的能力。可见，建设智慧城市已经成为我国城市发展的必然趋势。

推进智慧城市建设，要具有清晰的战略定位和政策取向，要制定与发展方向相匹配的规划与实施路径。

第一，宏观系统规划，科学构建智慧城市。建设智慧城市，首先要制定好总体方案，做好宏观系统规划，这是对智慧城市发展做出的长远规划，具有前瞻性和全局性；同时，每个城市的情况不同，建设智慧城市的侧重点要有所区别，需要根据所在城市的经济、文化、历史等情况，建设各具特色的智慧城市。

第二,注重技术创新及应用,推进"城"与"智"相融。智慧城市的建设离不开物联网技术、通信技术、计算机技术等技术的支撑,因此建设智慧城市应该鼓励科研创新,注重新技术的应用。推动智慧城市建设,还要全面掌握并熟练运用互联网时代的新技术、新理念、新思维,更加科学主动地推动"城市"与"智慧"融合。

第三,坚持市场导向,优化配置资源。智慧城市建设具有良好的发展前景和丰厚的投资收益,在建设智慧城市过程中要尊重市场规律,坚持市场导向。以物联网平台及其受益企业的活动为中心,吸引更多企业参与智慧城市建设,决不能仅靠政府力量强推。同时要强调优化配置各类资源,实现人、物、环境的协同共享、优化配置。

第四,推进标准化法治化建设,保障外部环境。智慧城市是复杂系统,也是新生事物,其健康发展需要良好的外部环境。要加快构建包括信息技术标准、城市建设标准、信息应用标准在内的智慧城市标准体系,确保有序建设、高效集约。同时,要加强网络安全立法和监管,强化知识产权保护,积极发展网络安全技术,使外部发展环境畅通。

(中国城市建设网,2019年12月13日)

建设有记忆会呼吸的森林城市

今年是我国森林城市建设15周年。截至目前,我国已有387个城市开展国家森林城市创建,19个省份开展了省级森林城市创建活动,11个省份开展了森林城市群建设。

我国森林城市建设相对于欧美国家起步较晚,始于20世纪80年代。2004年,全国绿化委员会、国家林业局启动了"国家森林城市"评定程序,同时每年举办一届中国城市森林论坛。国家森林城市以"让森林走进城市,让城市拥抱森林"为宗旨,是我国目前评价一个城市绿化成绩的最高荣誉。

我国之所以要推进森林城市建设,是因为我们的城市缺少绿色,缺少让身心放松自由呼吸的天然氧吧。特别是寸土寸金、高楼林立的大城市,在发展过程中,绿色植被覆盖率更是不达标,人们对城市的记忆只有钢筋铁泥,没有绿色、缺乏生机。

缺少绿色植被的城市,生态环境是难以优化的,大气、水源、土壤等生态资源修复难度大,同时高温炎热、雾霾等极端恶劣天气会时常光顾。生活在城市的居民,无论是身体健康还是心理健康,都会受到不同程度的损伤。长此以往,这座城市将会丧失人才活力、经济活力和发展动力。

这样的城市不是人们追求的美好城市,这样的城市不是绿色宜居的城市,这样的城市不是可持续发展的城市。人们追求的是既能"养眼""洗肺",又能回味、怡神,既造林,又造景、造富的森林城市。因为森林城市可源源不断为人们提供优质生态产品,给城市添活力,给经济添动力。

可见,只有建设以森林植被为主体的森林城市,完善城市生态系统、统筹山水林田湖草系统治理、扩大城市生态空间、提升城市生态服务功能,才能推动城市高质量发展,才能留住居民,才能保持城市的活力与生机。

好在,森林城市经过多年的推广,并结合"生态优先 绿色发展"等生态文明发展理念产生了积极的影响,我国大部分城市寻求转型,探索建设以绿色为底色的森林城市,并取得了不小的成就,形成了跨区域、覆盖城乡的建设体系,探索出了一条具有中国特色的森林城市建设之路。

下一步要让森林城市建设实现高质量发展,应树立以人为本、科学绿化的观念,考量好城乡人口对生态保护与绿色发展的需求,更多选择本土植物,兼顾植物配置多样化,提升城乡整体生态系统功能;处理好规划编制与规划实施的关系,抓好森林城市规划编制、资金筹措、用地保障、工程实施、宣传发动等重点任务,科学依法依规做好森林城市建设;坚持因地制宜、因势利导的原则建设森林城市,在规划和创建过程中要注意将绿植林木栽种与当地自然山水脉络主动相融,尊重当地特有文化、风俗,保护当地古迹名胜,让人们在森林城市中既能深呼吸绿氧因子,又能"看得见山,望得见水,记得住乡愁"。

(《城市建设》杂志,2019年12月20日)

谈谈绿色便民的园艺驿站

最近,不少北京市民发现,在自己家附近的公园里,多了不少园艺驿站。这些园艺驿站提供各种花卉植物供欣赏或购买,也备有不少关于园林园艺、绿色城市等内容的图书供市民阅读,同时给市民提供园艺技能培训、园艺生活交流、生态文明宣传、生态文化交流等便民服务,市民的参与度非常高。园艺驿站化解了不少市民赏花购花跑花乡的"舟车劳顿",让市民在家门口就能体验绿色生活、享受绿色文明带来的便利。

所谓园艺驿站,是指由街道社区、乡镇村庄、公园、学校或其他基层单位有效集成辖区内生态资源,充分利用公园绿地附属空间和疏解腾退出来的公共场所,用于组织开展公益性生态文化宣传、园艺技能培训和园艺生活交流等生态实践活动平台。

截至目前,北京已开放57处园艺驿站,并计划未来3至5年内,将在公园、社区、村庄、学校等基层单位建设不少于100家园艺驿站,为市民提供集生态、环保、居家等多种理念为一体,园艺知识培训、园艺手工制作、园艺作品展示等多种方式结合的绿色文化推广活动。

北京建设的园艺驿站,为全国很多大中型城市提供了绿色便民的样本。如今,大多数大中型城市,高楼林立,钢筋铁泥遍布城市各个角落,虽然近年来我国大多数城市生态质量不断提升、植树造林规模不断扩大,但普遍缺少市民在家门口就可体验的"绿色小天地"。而北京的园艺驿站集成街道社区、乡镇村庄、公园、学校等基层单位内的生态资源,利用公园绿地附属空间和疏解腾退出来的公共场所，建设了各具特色的"首都园艺驿站"，不仅方便市民更近距离地接触园林绿化，感受生态文化，还让绿色环保生活理念切实走进了市民的生活中，潜移默化地将绿色生活方式、生态文明观念传递给市民，为城市的绿色发展发挥着实实在在的作用。每个园艺驿站如同点缀在城市的明珠，传播绿色环保理念，点亮城市绿色发展之路。

大中型城市建设园艺驿站时，需从地点选择、设施建设、空间利用、运行发展等方面科学布局，让园艺驿站为宜居城市、宜居社区发挥出实际作用。在园艺驿站地点选择时，需注意与当地实际情况相结合，寻找距离市民社区较近的公园或绿地，同时要意识到，我国社会老年化程度不断加重，选择园艺驿站地点时，应向老人居住偏多的社区倾斜，有助于让老人老有所乐，有助于社区邻里关系和谐；在园艺驿站设施建设上，坚持"生态优先、绿色发展"理念，倡导低碳节约，修旧复新，变废为宝，不搞重复建设，不流于表面形式，切切实实让市民体验到绿色为邻、绿色到家的便利；在空间利用上，坚持有效利用疏解腾退闲置场所，或日常组织市民活动的便民空间，见缝插绿，让疏解腾退的闲置场所或是棚户区改造后的社区焕发绿色生机，为老旧小区增添新气象；在园艺驿站运营发展时，要注意把"互联网+"、智慧社区等现代化技术手段运用其中，高效全方位为市民提供便捷服务、绿色服务。

（中国城市建设网，2019年11月22日）

让休闲城市成为城市发展的常态

随着新型城镇化的持续推进，人民生活水平显著提高，休闲生活逐渐成为老百姓日常生活的重要组成部分。老百姓对休闲生活需求的不断加大和休闲消费的不断增长，使得休闲产业迅速发展，使得休闲城市建设更具规模。

休闲城市，是指休闲功能上升为城市性质的城市。具体来讲，是指环境优美，以休闲文化为城市的气质与灵魂，拥有现代化的城市配套软硬件、国际化的休闲环境和标准化的休闲设施，提供个性化的休闲服务，具备国际化休闲形象的宜居城市。

构建休闲城市，有利于促进城市功能的全面发展，有利于促进城市科教文卫事业的发展以及商贸零售、金融保险、电子信息等众多产业的发展，会对城市转型起到巨大的推动作用。

一个城市不可能生来就是休闲城市，需要依托现有的山水脉络精心雕琢，需要有科学的产业布局发展规划，需要对公共设施等基础设施加强完善。目前，我国不同区域、不同城市的休闲城市建设处于不同的阶段，但在构建过程中，需注意以下几点。

以人为本推进休闲城市建设。习近平主席近日在上海考察时指出，"人民城市人民建，人民城市为人民。在城市建设中，一定要贯彻以人民为中心的发展思想，合理安排生产、生活、生态空间，努力扩大公共空间，让老百姓有休闲、健身、娱乐的地方，让城市成为老百姓宜业宜居的乐园。"休闲城市建设应围绕人的生活质量,以城市居民的需求为着眼点,推进和完善城市公共休闲服务基础设施体系;休闲城市建设应以宜居城市为基础,推进城市自然环境改善,提高城市公园面积、拓展公共绿化空间,解决城市居民对人居环境的切实需求。

以"生态优先、绿色发展"推进休闲城市建设。休闲城市建设应实现人和自然协调发展,促进经济、社会、生态的可持续发展。用"生态优先、绿色发展"理念指导休闲城市的建设,要科学制订城市休闲规划,要和城市建设总体规划相协调、和社会经济发展规划相衔接,打造绿色休闲经济。发展休闲经济、建设休闲城市,是对城市整体环境的优化和提升,是城市转型的具体措施,保护和利用环境,不仅是指保护自然生态环境,同时也是指保护文化生态环境,只有有了优良的自然生态环境,当地的文化生态环境才能被凸显,休闲产业才能壮大起来。

各美其美、将顺其美推进休闲城市建设。每个城市都有自己的历史、文化,也有自己的特色、个性,这是一个城市独特性的标志。建设休闲城市要力戒"千城一面",防止趋同化,要尊重城市个性,发扬城市优势,要依托城市的山水脉络独特风光,将休闲城市发展融入到百姓生活中,要让百姓在休闲城市发展的常态中望山见水、记住乡愁。同时,发展休闲经济、建设休闲城市,还要依托城市的传统文化和地域文化,用创新的理念、创新的手段与休闲元素结合,让休闲之旅成为精神文化之旅,不断满足老百姓和游客的心理体验和精神需求,用创新理念推动文化活起来、动起来,彰显城市特色与优势。

(中国城市建设网,2019 年 11 月 15 日)

黄河流域到了绿色高质量发展的关键时刻

提起黄河,我们马上会吟上几句,"君不见,黄河之水天上来,奔流到海不复还""大漠孤烟直,长河落日圆""九曲黄河万里沙,浪淘风簸自天涯"……我们的母亲河,一路风沙,一路波浪,奔腾不息,既是孕育中华文明的摇篮,又是水患等灾害频发的生态脆弱区域。千百年来,中华民族从未停歇过对黄河的治理。进入新时代的今天,黄河流域在经济社会发展和生态安全方面仍面临着严峻的挑战。

最近,国家主席习近平在郑州主持召开黄河流域生态保护和高质量发展座谈会并发表重要讲话。他指出,"黄河流域在我国经济社会发展和生态安全方面具有十分重要的地位。黄河发源于青藏高原,流经9个省区,全长5 464公里,是我国仅次于长江的第二大河。黄河流域省份2018年底总人口4.2亿,占全国30.3%;地区生产总值23.9万亿元,占全国26.5%。"黄河流域是我国重要的经济地带——平坦肥沃的冲击平原是农产品的主产区,每年供应的粮食和肉类能占到全国三分之一;高原与山地蕴藏着丰富的煤炭、石油、天然气和有色金属,人们利用这些能源资源构筑了我国重要的能源、化工、原材料和基础工业基地。这片大江大河孕育的经济带,从远古时期我们的祖先选择临河而居,到现在人们利用资源发展经济,一直哺育着中华民族。黄河流域的兴衰既关乎人们的衣食住行,又关乎我国生态、粮食和能源安全。如今,我国经济发展进入新常态,不一味追求速度,而是更重视发展质量。黄河流域这个关乎民族生存发展的重要区域，对我国的经济发展做出了重要贡献，当我们慢下脚步，回首望去，随着人口过度繁衍，资源过度开发，生态环境日渐脆弱，黄河出现了新问题。

如何"对症下药"，习近平主席做了详细阐述："治理黄河，重在保护，要在治理。要坚持山水林田湖草综合治理、系统治理、源头治理，统筹推进各项工作，加强协同配合，推动黄河流域高质量发展。"习主席为当前和今后一个时期加强黄河流域生态保护和高质量发展指明了具体措施，为做好黄河流域高质量发展提供了行动指南，这对黄河流域生态环境保护具有重要的指导意义。

对于如何保护与治理，习近平主席强调，"要坚持绿水青山就是金山银山的理念，坚持生态优先、绿色发展，以水而定、量水而行，因地制宜、分类施策，上下游、干支流、左右岸统筹谋划，共同抓好大保护，协同推进大治理，着力加强生态保护治理、保障黄河长治久安、促进全流域高质量发展、改善人民群众生活、保护传承弘扬黄河文化，让黄河成为造福人民的幸福河。"可见，生态保护是高质量发展的前提条件，高质量发展是黄河流域走向未来的必由之路。让黄河流域在高水平生态保护中开启发展新航程。

（《城市建设》杂志，2019年11月20日）

民心工程之保障性住房

最近播出的纪录片《安居中国》通过讲述普通人房子和家的故事，展现了我国住房改革尤其是保障房建设的历程，展示了一个发展中大国为实现住有所居目标所做的不懈努力。近年来，我国住房保障体系不断完善、住房保障能力持续增强，整体人居环境得到巨大提升。

保障性住房是指政府为中低收入住房困难家庭或城市新市民所提供的限定标准、限定价格或租金的住房，这种类型的住房有别于完全由市场形成价格的商品房。随着住房保障工程的大力推进，多层次住房保障体系正在形成。数据显示，1994年至2007年，我国共建廉租住房、经济适用住房等保障性住房1 000多万套。自2008年大规模实施保障性安居工程以来，到2018年底，我国城镇保障性安居工程合计开工约7 000万套，通过住房保障工作，约2亿困难群众圆了"安居梦"。逐渐完善的多层次住房保障体系不仅让住房困难家庭或城市新市民过上了美好生活，还对城市高质量发展有着重大意义。

保障房建设，可以改善民生、促进社会和谐稳定。保障房建设是一项重大民生工程，也是一项重大民心工程。随着住房保障工程推进，保障房的数量不断增多，城镇中越来越多的棚户区被改造，住房品质不断提升，越来越多的人得以安居。通过改善城市低收入居民的居住条件，为城市新市民提供居所，我国并未出现某些国家和地区的"贫民窟"等乱象，对于改善民生、促进社会和谐稳定、建设平安中国具有重要意义。

保障房建设，可以带动产业发展。加快建设保障性安居工程，对相关产业具有很强的带动效应。随着住房保障工程推进，保障房建设可以带动地方和社会投资，可以拉动钢材消费量、水泥消费量等。同时，随着绿色建筑、智能家居从概念走向实践，智能装配式建筑、智能智慧住房等新兴产业将逐步投入住房保障安居工程建设，带动我国住房建设高质量发展。

保障房建设，可以促进就业、刺激消费。安居乐业不分家，住上好房子，生活变富裕，才算好日子。能否解决好住房，不仅事关保障问题，也关系到能否留住人才，而这一点对于一座城市来说尤为重要。住房保障体系犹如一盘棋，表面上与房子有关，背后关注的则是如何留住企业、留住人才，扩大就业。就业是民生之最，财富之源。居民安居乐业，才能为今后扩大消费创造条件。通过大力推进廉租房建设、棚户区改造、农村危房改造等工程，改善城乡居民消费环境和条件，将有利于消费下沉，有利于城乡居民特别是低收入居民扩大消费。

保障房建设，可以改变城市气质和内涵。保障房改变的不只是这一个人、一个家庭，还将改变许多城市的气质和内涵。保障房通过棚户区改造、易地扶贫搬迁等工程，让居民告别了危房破屋，让城市告别了破旧脏乱，城乡人居环境改善了，城乡面貌更新了。有些地区通过依托现有山水脉络等独特风光，有效利用当地自然风光或是历史人文特色，推进保障房建设，不仅让城市融入大自然，还让居民望得见山、看得见水、记得住乡愁，同时，大大提升了城市气质和特色，让城市内涵更丰富，让城市绿水青山常在。

（中国城市建设网，2019 年 11 月 1 日）

以绿色宜居引领美好城市发展

人类的发展过程就是对美好生活不断追求的过程,"绿色、低碳、宜居"已经成为人们对美好城市的最新定义。随着2019年太原能源低碳发展论坛、首届可持续发展论坛的召开,绿色低碳再次成为人们的热议话题。

作为最大的发展中国家,我国很多年前就进行了低碳城市试点发展。近年来,随着"生态优先,绿色发展"理念的深入人心,绿色低碳城市在我国城市发展中遍地开花。2018年,我国单位GDP碳排放相对2005年下降约45.8%,提前完成了到2020年下降40%—45%的目标;非化石能源占一次能源消费比重达到14.3%。目前,我国也已正式启动了全国碳排放交易体系建设。不过,我国低碳发展之路任重而道远。提高城市绿色低碳含金量,需要做好以下几个方面:

发展绿色经济,开发利用新能源。城市是经济活动的主要中心,同时也是最主要的能源资源消耗者和废气废水等污染排放者。建设低碳城市,发展绿色经济,既要通过技术进步实现资源的高效利用,达到集约和可持续;又要通过发展公共交通、优化城市能源结构,逐步抑制碳排放。能源资源是文明的基石,也是经济发展的动力。开发利用低碳能源是新时代发展绿色城市的必然要求。在城市经济发展中,要加快经济结构调整,逐步淘汰落后污染产能,降低高碳产业的发展速度,严控各类企业的排放标准,提高钢铁、化工等行业的准入条件,保持经济绿色、高质量发展。

做好绿色规划，推广绿色建筑。科学的城市规划是建设低碳城市的第一步。在城镇建设、老城更新和棚户区改造中，要以绿色、节能、环保为指导思想，做好城乡建设规划与区域能源规划的衔接，积极引导建设绿色生态城区，推进绿色建筑规模化发展。绿色建筑是在建筑的全寿命期内，最大限度地节约资源、保护环境和减少污染，为人们提供健康、适用和高效的使用空间，与自然和谐共生的建筑。如今，利用装配式建筑建房筑屋就像搭积木，把配件搭建起来就可形成高楼大厦，既便捷安全又经济环保。因此，要大力推进装配式建筑的应用，用经济、安全、绿色、环保、美观的装配式建筑发展方式来转变、提升人们的生活品质，推进绿色低碳城市建设。

坚持绿色发展理念，将意识转换为实际行动。近年来，随着"绿水青山就是金山银山"的发展观、"良好生态环境是最普惠的民生福祉"的民生观、"用最严格制度保护生态环境"的法治观、"全民行动建设美丽中国"的共治观等绿色发展观念逐渐深入人心，我国在坚决打好污染防治攻坚战，大力推进山水林田湖草生态修复，全力守护绿水青山的基础上，经济保持持续增长，实现了能源消耗和污染物排放强度持续下降，并通过培育绿色生活方式，将绿色生活、绿色消费从概念转为全社会的自觉行动。人们通过简约适度、绿色低碳的生活方式，减少对自然资源的过度索取、过度浪费，用实际行动来支持绿色低碳城市的建设。

（中国城市建设网，2019年10月25日）

交通的根本是安全畅达

交通是城市互联互通的重要纽带,也是为城市发展输入人才及物资的重要通道。安全畅达的交通对城市生产要素的流动、城镇体系的构建有着重要影响。从古至今,每个城市的兴衰都与交通发展有着密切关系。四通八达的交通路网,如同给城市插上腾飞的翅膀,不仅可以活跃城市经济,还是提高百姓幸福指数的重要手段。可以说,交通兴、百业兴、百姓福。

构建顺畅安全的城市交通网,应注意以下几个方面:

尊重城市发展规律,科学规划城市综合交通网。遇水架桥,逢山开路。改革开放四十年来,我国的道路从泥泞土路、砂石马路、水泥公路、柏油大道一路变迁,我国的路网建设从城市到农村都有了突飞猛进的变化。面对日新月异的发展,应尊重城市发展规律,统筹安排城市交通用地布局,大力发展铁路、公路、水运、航空、轨道等基础设施规划建设,实现各城市间立体互联互通。此外,对于城市现存的拥堵等问题,要对症下药,多措并举推进城市公共交通设施建设,实现城市轨道交通与其他交通方式的衔接,促进快速路、主次干路、支路等城市道路网的合理发展,完善城市步行和非机动车道路建设,提升步行、骑行等出行品质,发展无障碍设施,打通道路微循环,提高道路通达性。

发展智慧交通,提升城市交通智能化水平。面对交通拥堵、车辆激增,要大力发展智慧交通,全面提升城市交通基础设施智能化水平。如果说城市中每个片区犹如一个个的"点",交通道路则像一道道纵横交错的"线"。通过大数据、互联网、人工智能等新技术将"点"连成了"线",将"线"编织成了"网",构建综合交通大数据中心体系,通过城市"大脑",自动分析道路流量、拥堵情况,自动调配红绿灯,提前预警路网路况信息;通过电子"警察"搜集路面的所有数据,形成城市道路预警机制,为城市的管理规划服务,为平安道路提供数据分析。发展城市智慧交通,有利于加速交通基础设施网、运输服务网、能源网与信息网络融合发展,有利于深化交通公共服务和电子政务发展,有利于提供及时全方位的交通信息,有利于人们便捷安全出行。

强化交通建筑质量安全,提升交通法治文明建设。交通建筑质量关乎百姓的生命财产安全,筑牢质量关,是构建平安城市、交通强国的重要内容。筑牢交通建筑质量关,要注意完善交通基础设施安全技术标准规范,提升关键基础设施安全防护能力;要构建现代化工程建设质量管理体系,推进精品建造和精细管理;要强化交通基础设施养护,加强基础设施运行监测检测,提高养护专业化、信息化水平,增强道路耐久性和可靠性。此外,还要完善交通法律法规体系建设,加强对交通违法犯罪的处罚力度;培育人们形成交通文明观念,倡导文明出行,营造文明安全的交通环境。让人人心中都装有文明交通、法制先行的观念,避免诸如城市高架桥侧翻事故的重演,提升百姓出行的安全指数、幸福指数。

(中国城市建设网,2019年10月18日)

建设细节独特、定位明晰的全域旅游城市

今年的国庆长假已结束。数据显示，自9月28日至10月7日全国铁路发送旅客1.38亿人次；国庆7天全国共接待国内游客7.82亿人次；实现国内旅游收入6 497.1亿元，其中旅游总收入超过400亿元的省份为四川、河南、湖北、广东、贵州、山西和湖南。

随着人民生活水平的提升，人们旅游的热情持续高涨，旅游消费如火如荼。可见，发展旅游不仅能够促进城市经济发展，还是提升城市知名度的重要手段。科学绘就城市旅游发展蓝图，需要注意以下几个方面：

明晰城市发展定位，实现城市旅游全域化。随着时光流逝，每个城市都面临着转型、更新。明确城市自身定位，是第一步。城市发展要依托自身的自然山水脉络，走生态优先、绿色发展之路，告别陈旧的城市发展资源观，创新发展新业态，保持经济增长新活力。其中，发展全域旅游就是重要手段之一。旅游经济是绿色、低碳经济，同时又是产业融合经济。全域旅游是对整个城市进行系统改造和设计，保障整个城市处处可体验旅游，让文化创意等渗透到城市的每个细节。全域旅游更强调旅游和经济发展、社会民生、产业经济及城镇建设等要素的联动发展。全域旅游是一种城市发展观，通过"一切都可体验"的发展思路升华城市发展内涵，有利于形成宜居宜业宜游宜商的目的地，吸引更多游客和投资者进入，促进城市产业的转型发展。

发掘城市特色文化，树立城市品牌形象。近年来，各地城市建设快速发展，但很多城市难逃"千城一面"的诟病。"千篇一律"的景区、模仿型景区更是比比皆是。这使得城市不再具有特色、旅游不再具有吸引力。如要重振旅游业发展，激活"沉睡"的城市文化，各地还应依托当地独特的山水地貌、风土人文，发掘自身的独特优势，延续并创新自有的特色文化，创立独具特色的旅游品牌，发展个性化、多元化旅游，把全方位旅游概念融入城市整体发展。各地要秉持特色吸引、环境优化理念，依靠文化创意、增值服务，形成多元消费、个性旅游，把城市作为独具特色的旅游目的地来建设和经营，树立城市旅游好口碑，实现"城市即旅游"的品牌效应。

加强城市基础设施建设，提升公共服务水平。随着人们生活水平的提高，大众旅游消费持续增长，人们期盼更便捷、更智慧、更安全的旅游体验。因此，构建旅游产品需要一流的旅游环境和旅游服务相配套。提供人性化、精细化、智慧化的旅游服务才能得到市场响应，并且可以提升城市的竞争力和影响力。游客和市民需要的不仅是"高大上"的城市文化，还在乎触手可及的"小确幸"城市服务。四通八达的城市路网体系、完善的城市公共设施建设、良好的景区综合服务体系、安全的城市氛围、便捷的城市全面性服务架构，才能使得景区更具人文关怀、使得城市更具温情，才能让游客愿意来访，才能吸引更多投资，才能促进更多就业，才能使更多当地人留下来，才能实现宜居宜业宜游宜商，从而使得城市更具发展活力。

（中国城市建设网，2019年10月11日）

回望 70 年——城市建设举世瞩目

新中国成立 70 年来，尤其是改革开放以来，我国城乡面貌发生了翻天覆地的变化，城乡环境不断优化，人民生活水平持续提升。随着新型城镇化的全面推进，"创新、协调、绿色、开放、共享"五大发展理念的贯彻落实，中国特色的城市发展道路正健步前行。

70 年来，我国城镇化水平显著提高，城市规模不断扩大，大中小城市蓬勃发展。到 2018 年末，我国城镇化率达到 59.58%，城市数量达到 672 个；到 2017 年末，我国地级以上城市户籍人口达到 48 356 万人，户籍人口超过 500 万的城市有 14 个，300—500 万人口的城市有 16 个，50—300 万人口的城市有 219 个，50 万人口以下的城市有 49 个。随着新型城镇化建设快速发展，我国大中小城市和小城镇发展齐头并进，城市数量和城市人口数量迅速增加。

70 年来，我国城市经济持续发展，城市综合实力越发强劲。特别是改革开放后，城市百业兴旺，经济总量快速增加，各城市财政实力明显增强。随着产业结构的逐步优化，我国城市经济增长主要依靠第二、三产业带动。与此同时，我国城市的科技创新能力持续增强，继而助力第二、三产业的高质量发展。老百姓告别旧社会的贫困落后，通过努力奋斗走向共同富裕，强大的购买力刺激了城市消费市场的大繁荣。

70 年来，我国公共设施领域投资持续增加，城市交通、通讯事业迅猛发展。近年来，我国交通运输业投资年均增长 16.7%，全国形成了以铁路为骨干，公路、水运、航空等多种运输方式组成的综合交通运输网络；随着信息传输业服务能力的提升，互联网新经济蓬勃发展，我国在通往网络强国的道路上稳步前行。高铁和5G技术，成为我国亮丽的名片，人民生活更加舒适便捷。

70年来，我国城乡人居环境显著提升，美丽中国的画卷全面绘就。近年来，我国坚持以生态优先、绿色发展为引领，持续推进山水林田湖草生态保护修复，大力提升了生态品质，释放了生态优势。通过统筹推进产业结构调整、城乡环境整治等工作，构建了人与自然和谐发展的新格局，使得我国城乡环境更加优美、更加宜居。绿水青山就是金山银山的理念在城市发展中落地生根，蓝天、碧水、净土三大攻坚战初战告捷。

70年来，我国新型城市不断涌现，特色小镇如雨后春笋，城市群格局基本形成。随着我国经济发展进入新常态，绿色城市、智慧城市和海绵城市等新型城市建设迈向高质量发展阶段；生产、生态和生活"三生"融合的特色小镇建设形成热潮，宜居宜业的特色小镇数量达到数千个。同时，以城市群为主体的城镇化格局不断优化，京津冀、长三角和粤港澳大湾区三大城市群建设稳步推进，跨省区域城市群规划全部出台，省域内城市群规划全部编制完成，"19+2"的城市群格局基本形成并稳步发展，我国城市迎来高质量发展。

一座座老城在望山见水中重燃生机，一座座新城在改革春风中拔地而起，为新中国七十华诞献礼！伴随着城乡经济的飞速发展，城镇化进程的加快，城市增多了，城市富裕了，城市变美了。进入新时代，让我们坚持新的发展理念，遵循城市建设发展规律，携手奋进，将我们的城市建设推向高潮。

（《城市建设》杂志，2019年9月20日）

新型城镇化与人的城镇化

城镇化是现代化的必由之路。新型城镇化是中国城镇化的大势所趋，是乡村振兴和区域协调发展的有力支撑，更是建设美丽中国的内在要求。

改革开放以来，我国城市规模不断扩大，城市经济实力持续增强，城乡面貌焕然一新，城镇化建设和城市发展取得了举世瞩目的成就。近年来我国城镇化水平进一步提高，城市发展质量明显改善，城市功能全面提升，为全面建成小康社会铺就了一条坚实的道路。截至2018年，我国城镇化率已达到59.58%，但与发达国家的城镇化率80%左右的水平相比，尚有较长的路要走。实现以人为核心的新型城镇化，还有一些具体的问题：

以人为本，消除城乡户籍壁垒。在城镇化快速发展的过程中，受城乡二元结构体制的影响，大量农业转移人口难以融入城市社会，市民化进程滞后。如农业转移人口在城市工作，虽尽一样的义务，却不能享受一样的待遇。因此落实推进农业转移人口市民化，放开放宽除个别超大城市外的城市落户限制，在具备条件的都市圈率先实现户籍准入年限同城化累积互认，加快消除城乡区域间户籍壁垒，统筹推进本地人口和外来人口市民化，促进人口有序流动、合理分布和社会融合尤为紧迫。以人为本，逐步消除城乡户籍壁垒，让有能力在城市稳定就业及生活的人真正融入城市，使人们共享城市发展成果，真正实现人的城镇化。

以人为本，提升城镇质量内涵。近年来，城乡居民生活水平快速提升,人们期待有更清新的空气、更便捷的出行方式、更安全可靠的医疗养老保障……对此,推动我国城镇建设模式转型发展迫在眉睫。在新型城镇化发展方面,具体实施绿色城市、智慧城市、海绵城市、低碳城市以及特色小镇建设,更加注重城镇发展的内涵,让"里子""面子"同步发展。同时,通过完善城乡公共基础设施建设,构建普惠城乡居民医疗、养老保障体系,打赢脱贫攻坚战等一系列措施,我国城镇基础设施质量显著提高。此外,通过实施生态优先,绿色发展为导向的高质量发展模式,我国国土绿化面积大幅度提升,节能环保产业蓬勃发展,新型城镇化质量显著提高,生态文明正在走进千家万户,城乡居民逐步过上了碧山清水环绕、鸟语花香常在的生活。

  以人为本,促进人的全面发展。新型城镇化的核心,是人的城镇化。推进新型城镇化,关键是要以人为本,全面提高城镇人口素质和居民生活质量。未来城市的竞争,关键是人才的竞争。栽下梧桐树引得凤凰来,留住人才,关键是靠城市自身发展的潜力。因地制宜探索城市发展路径,促进产业高质量发展,增强城市经济实力,增加就业机会,提升生态环境质量,做好康养产业等配套服务,提高城市柔性化治理、精细化服务水平,让城市更加宜居,更具包容和人文关怀,切实在发展中解决百姓诉求,补齐民生短板,构建"人人参与、人人尽力、人人享有"的城市,让人在新型城镇化发展中实现自身价值,促进人的全面发展。

(中国城市建设网,2019年9月20日)

住房有保障 天下少寒士

住房问题，关系着千家万户的基本生活，关系着广大群众"安居梦"的真正实现。因此，大力推进住房保障制度建设、改善百姓居住条件，是维护社会和谐稳定、实现"中国梦"的重要措施。

改革开放以来，随着城镇住房制度改革的稳步推进，住房市场化、社会化，与此同时，住房保障制度逐步建立并完善。实施住房保障制度改革后，大部分城镇职工通过购房改房，拥有了属于自己的住房；相当一部分城镇家庭通过在政府主导的城市建设中获得拆迁安置房，改善了居住条件。

住房和城乡建设部最新数据显示，1994年至2007年，全国共建设廉租住房、经济适用住房等保障性住房1 000多万套；自2008年大规模实施保障性安居工程以来，到2018年底，全国城镇保障性安居工程合计开工约7 000万套，其中公租房（含廉租住房）1 612万套、经济适用住房573万套、限价商品住房282万套、棚改安置住房4 522万套。截至2018年年底，3 700多万困难群众住进公租房，累计近2 200万困难群众领取了公租房租赁补贴；通过购买经济适用住房等配售型保障房，5 000多万城镇中低收入"夹心层"群体有了合适住房；上亿居民"出棚进楼"……实现了约2亿人的"安居梦"。

虽然我国居民居住条件已有较大改善，但住房保障工作仍面临挑战——现有住房保障政策体系有待完善，保障性住房后续管理需要进一步加强和规范，一些人口净流入量大的城市如北京上海等地的保障类住房需加大供应量，广大农村地区"三不愁"中的"不愁住"有待继续完善……应对挑战，应考虑如下方面：

首先，科学推动住房保障立法。明确国家层面住房保障顶层设计和基本制度框架，夯实各级政府住房保障工作责任，同时为规范保障房准入使用和退出提供法律依据，推动住房保障工作依法有序展开。

其次，因地制宜做好住房保障相关工作。由于保障性住房的投入周期长、回款慢、盈利空间小，为了增强保障可持续性，必须进一步调动社会资金积极参与；完善政府政策支持，加大投入、加强管理，科学推进住房保障政策体系建设，完善财政、土地、金融和税费减免等配套举措；继续加强保障性住房供应，进一步规范保障性住房和棚户区改造建设管理，进一步强化保障房质量安全和公平分配。

此外，完善农村保障性安居工程，实现乡村振兴，改善广大农民居住条件。针对我国广袤的农村及数亿农民，做好农村保障性安居工程，是实现"三不愁"的重要手段。通过农村危房改造，就近、就地重建翻建等方式，帮助住房危险，经济困难的农民，解决基本的生活所需，坚持以民生为导向，统筹规划，分类指导，为"三不愁"打下基础，改善农村人居环境，推动精准扶贫落到实处、推动乡村振兴蓬勃发展，让所有农民共享"安居梦"。

只有做好住房保障工作，才能让"广厦千万间，大庇天下寒士俱欢颜"真正成为现实。

（中国城市建设网，2019年9月12日）

用城市大脑"治疗"城市病

城市如同生命体，若无缜密科学的系统治理，便不时会生病。面对愈发严重的"城市病"，"城市大脑"的概念应运而生，并在治理"城市病"中取得很好的成效。

通俗地讲，"城市大脑"就是基于城市学的生命体、有机体理念，以系统科学为指引，利用人工智能、云计算、大数据、物联网等先进技术，为城市交通治理、生态环境保护、城市精细化管理、区域经济管理等构建一个后台系统。

"城市大脑"通过打通不同平台，对城市进行全域的即时分析、指挥、调动、管理，从而实现对城市的精准分析、整体研判、协同指挥、科学预测，推动城市数字化管理。"城市大脑"正在逐渐成为大城市的"标配"。如何免于让"城市大脑"流于形式，还需注意以下几点。

统筹规划，科学设计

"城市大脑"是一个复杂而庞大的体系，也是一个高科技项目。要建好"城市大脑"，必须统筹规划、做好科学设计。每个城市发展阶段不同，面临的问题各异。在"城市大脑"规划设计时，要坚持以人为本，尊重城市发展规律，直面"城市病"现状，在厘清政府职能、掌握信息化技术、促进产业经济发展基础上，坚持统筹规划、科学设计和基层实践相结合，把规划设计从"理念"变成"现实"，成为具体的应用场景，找到其中可以复制、推广的经验，推动规划设计更加合情、合理，更加尊重人与城的发展。

技术整合，机制创新

"城市大脑"能够连接散落在城市的各种数据资源，能够打通城市的"神经网络"，让数据帮助城市来做思考、决策和运营，从而实现城市管理和社会治理。"城市大脑"不仅要在技术上做整合，还要在机制上实现创新。例如，北京海淀区成立了由交通、城管等24个部门有关人员组成的"城市大脑"专班办公室，经过摸底排查，正在制订"城市大脑"在各个细分领域的实施方案，将数据转换为科学合理的业务模型，形成城市基础运行能力、城市实时"健康"状态的大视图，形成"全时段、全区域、自动化、多途径"的事件预警网络和协同治理体系，为城市综合治理提供决策依据，让城市管理工作更加有效。

迅速反馈，精准落实

"城市大脑"的建设，应密切对接城市治理，直接服务城市决策，将技术与管理融合。北京、上海、杭州的"城市大脑"已实现了全覆盖、全过程、全天候工作，技术的精细化渗透到整个城市的方方面面、角角落落。"城市大脑"会第一时间反馈这个城市正在发生什么，有哪些是需要进行管理的，有哪些是需要协同更多的社会资源和社会力量来推动共建共治共享的。不过，"城市大脑"反馈的问题，最终要落脚于管理及执行的到位。只有做到精细化管理，精准化服务，高效率执行，才能实现"城市大脑"最大的价值。针对占道、挪车、噪声扰民等"城市病"，北京海淀区的"城市大脑"要求负责处置人员接单后迅速作出响应，而且以"群众100%的理解和认可"作为销项依据。"城市大脑"将先进的技术转化成新的管理能力、服务能力，使"城市病"得到有效缓解，为实现城市高质量发展和百姓高品质生活奠定坚实的基础。

（中国城市建设网，2019年9月6日）

共享生态文明 绘就美丽中国

从绿野茫茫的内蒙古呼伦贝尔大草原,到草木丰茂的甘肃山丹马场;从亮丽的北疆,到巍巍的祁连山脉,祖国的大地山川仿佛披上一件件绿色外衣,处处生机勃勃、绿意盎然。放眼望去,山峦层林尽染,平原蓝绿交融,城乡鸟语花香,美丽中国正在前行。

改革开放以来,我国推动生态环境保护、防治环境污染的决心之大、力度之大前所未有,绿色发展不断取得实实在在的成效,"绿水青山就是金山银山"的理念成为全民共识。

坚持绿色发展生态文明观

生态环境的变化直接影响文明的兴衰演替。我国曾经辉煌的古楼兰文明,因生态环境恶化,已随着风沙淹没在历史长河中。为了中华民族永续发展,必须坚持节约资源和保护环境的基本国策,走生态优先、绿色发展之路。

一方面,加快推进绿色生产、绿色发展,调整经济结构和能源结构,培育壮大新型可持续产业,提高资源全面节约和循环利用水平;另一方面,生态文明建设同每个人息息相关,要倡导简约适度、绿色低碳的生活方式,把公众的绿色意识转化为保护生态环境的自觉行动,让绿色生活方式成为全社会的自觉行动。

坚持污染防治和生态保护

近年来,我国大部分城市空气质量明显好转,$PM_{2.5}$浓度持续下降,河长制深入推进，土壤污染也得到有效控制。但极端天气、黑臭水体、垃圾围城、农村环境污染等问题仍然存在。

在我国经济由高速增长阶段转向高质量发展阶段过程中，污染防治和环境治理是需要跨越的一道重要关口。因此，要坚持污染防治和生态保护并举，破除民心之痛、民生之患。污染防治和生态保护如同分子和分母的关系，不仅要对分子做好减法，降低污染物排放量，还要对分母做好加法，扩大环境容量，从而减小污染物对环境的侵害。要严控生态保护红线，做好生态系统保护修复工程，巩固生态安全屏障，完善生态廊道和生物多样性保护网络，构建山水林田湖草生命共同体。同时，要未雨绸缪，有效防范生态环境风险，合理应对任何形式的生态环境挑战。

坚持完善制度体制建设

建设美丽中国，最可靠的办法是加快推进生态文明体制建设。坚持"用最严格制度最严密法治保护生态环境"的法治观。只有实行最严格的制度、最严密的法治，才能为生态文明建设提供可靠保障。

同时，要加快完善制度体制建设，强化制度执行，让制度成为刚性的约束和不可触碰的高压线，确保生态文明建设决策部署落地生根见效。在确保已有改革举措落地见效的基础上，还应围绕解决生态环境领域的突出问题，及时制定相应的改革方案，抓好中央环境保护督察、生态产品价值实现机制试点，健全环保信用评价、信息强制性披露、严惩重罚等制度……用完善的制度体制绘就美丽中国，让全民共享生态文明。

（《城市建设》杂志，2019年8月20日）

优化生态系统 建设公园城市

　　随着新型城镇化建设的推进，绿色发展理念深入人心，生态宜居越来越成为城市高质量发展的目标之一；与此同时，交通拥挤、空气污染、绿地减少等"大城市病"正困扰着城市迈向高质量发展，对此，公园城市的概念应运而生。

　　公园城市，不是"公园＋城市"简单搭配，也不是"城市＋公园"概念，而是覆盖整个城市的巨大生态系统，是自然生态与人类共生的复合生态系统，是山水林田湖草、鸟兽鱼虫和人类共生互生的生命共同体。

　　公园城市是人类与自然和谐相融的有机统一体。城市是一个复杂的巨系统，在这个系统内，最活跃的要素是人类，最敏感的要素是自然生态。人类的行为时刻能影响到自然生态，自然生态反作用于人，只不过这种反作用是一个缓慢的过程。可见，人类与自然生态，一损俱损，一荣俱荣。城市要高质量发展，就需处理好人类与自然的关系。构建人与自然相融的公园城市，是处理好这种关系的有效方式。

　　坚持以"人"为核心，构建公园城市。居住在拥挤城市中的人们希望"开门见绿、出门进园"，希望随时能与大自然亲近。为了满足人们的期待，北京市进行了有益的探索——不仅建有大型绿色公园、湿地来保障整体气候环境，还在寸土寸金的皇城脚下，通过"留白增绿"，利用拆违建腾退土地新建公园，为周边居民提供更多绿色休闲空间。这种把拆违建与城市规划相结合，因地制宜实现疏解增绿的方式，就是把"人"

放在首位，通过完善城市服务功能，满足人对自然最基本的渴求，使或大或小的"城市绿肺"点缀在偌大的城市系统中。

坚持环境保护不放松，构建公园城市。城市生态系统，既脆弱又敏感，既复杂又巨大。虽然我国环境质量总体上进入稳中向好的阶段，但坚持环境保护这个任务不应松懈。公园城市是宜居且绿意盎然的，但并不是没有污水排放、没有垃圾丢弃的真空环境，而是在坚持环保理念、绿色发展基础上，将治理污染与循环利用相结合的大系统。对于企业，坚持绿色发展、发展绿色产业是目标方向；对于个人，坚持环保、节约的美德是基本要求。在这种基础上，我们才能将公园城市从概念转为实际。

坚持经济发展为命脉，构建公园城市。经济是城市的命脉，经济衰退，城市行将衰竭，更无力保障公园城市的建设与维护。我国经济进入高质量增长阶段，这就意味着城市经济要进行绿色发展，这就倒逼企业进行绿色改革、升级产业结构、发展新经济、培育新动能，走集约高效可持续发展之路。在发展高新科技产业、发展环保产业，发展现代服务业的基础上，搞活经济，促进就业，促进环保投入，形成经济活跃、人与自然共生的兴绿富民的公园城市。

（中国城市建设网，2019年8月16日）

展望现代化社区建设

"老吾老,以及人之老;幼吾幼,以及人之幼。"良好的社区建设关系千家万户。随着中国经济体制改革的日益推进,新型城镇化的日新月异,老龄化社会的到来,城市流动人口的增加,城市居民生活需求的提高,社区成为各种社会组织的落脚点,各种群体的聚集点,各种利益关系的交汇点,社区在社会生活中扮演的角色越来越重要,作用越来越明显。如何构建现代化社区,值得探讨。

以"人"为核心

社会学家费孝通将"社区"定义为"共同的东西和亲密的伙伴关系"。现实的城市社区生活中,可谓充满了"陌生人",这是当今社区建设面临的通病。如何将冷漠的社区关系变得有温度,有关怀,以"人"为本是关键。

打通人与人的关系,是构建现代化社区的第一步。不妨将"合作居住"这个理念贯彻进现代化社区建设中。社区中人与人之间构建信任关系,相互合作,可使社区生活更美好。比如年轻人工作上班时,可托付退休在家的邻居代收快递;老人需要帮忙时,年轻人及时提供帮助;外出旅游时,可把宠物托付给邻居;邻里可共享私家车通勤上班,这样既环保又节能……邻里之间建立合作关系,既方便自己,又便利他人,这是以"人"为本构建现代化社区的一个很好的探索。

建设有"智慧"的社区

城市是人类文明发展的产物,社区是其最基本的组成部分,社区作为城市居民生存和发展的载体，其智慧化是城市智慧水平的集中体现。智慧社区以社区群众的幸福感为出发点，通过打造智慧社区为社区百姓提供便利，从而加快现代化社区建设，推动区域社会进步。

智慧社区从功能上讲，是以社区居民为服务核心，为居民提供安全、高效、便捷的智慧化服务，全面满足居民的生存和发展需要。智慧社区由高度发达的"邻里中心"服务、高级别的安防保障以及智能的社区控制构成。

基于物联网、云计算等高新技术的智慧社区是智慧城市的一个"细胞"，它将是一个以人为本的智能管理系统。随着人工智能的发展，加上共享经济迅猛发展，优化组合物业服务有了技术、认识的基础。社区原来靠人工完成的大部分用人工智能来实现，比如，门禁系统靠指纹、密码、微信、刷脸等实现，使社区里的人们享受更加便捷、舒适、高效、安全的生活服务。

加点"绿色"做保障

宜居城市包括宜居社区，宜居社区应是绿色低碳、令人心怡的绿色社区。

绿色社区是在传统社区的基础上将"人与自然和谐共生"作为主旨，从社区的开始设计到消费、管理始终贯彻绿色的理念，让社区达到既保护环境又有益于人们的身心健康，同时又与城市经济、社会、环境的可持续发展相统一。绿色社区还包括硬件建设，比如绿色建筑、社区绿化、垃圾分类、污水处理、节水节能等设施。

现代化社区通过建设社区公园、屋顶花园等，提高立体复合绿化率，完善配备服务设施，将绿色发展理念与绿色建设硬件相结合，构建人与自然和谐统一的社区环境。未来现代化社区建设，要将绿色理念深入人心，因地制宜，鼓励推进低碳化建筑的设计和建设，让社区充满绿色。

（中国城市建设网，2019年8月9日）

因城施策发展城市夜间经济

盛夏季节，城市居民更喜欢"昼伏夜出"，更多选择在夜间进行游乐或消费。数据显示，城市居民消费有60%来自夜间消费。可见，发展"夜间经济"不仅可以满足老百姓更丰富、更多样化的消费及娱乐需求，还是刺激经济，拉动内需的重要手段。

城市的夜间经济是现代城市业态之一，它不同于一般意义上的夜市，而是指从当日傍晚到次日早上所进行的经济文化活动，其业态囊括晚间购物、餐饮、旅游、娱乐、学习、影视、休闲等，是以服务业为主体的城市经济在第二时空的进一步延伸。

发展夜间经济可以促进经济活动时间的延长、各种设施利用率的提高、就业机会的增多，有助于推动服务业扩张规模，扩大消费，增加税源，聚集财富、产业和人气，提高城市的竞争力和吸引力，拓展游客的消费空间，拉动经济快速增长。因此，夜间经济受到越来越多城市的重视。

发展城市夜间经济，要因城施策。我国幅员辽阔，东西南北各地风貌人文不尽相同，且经济发展水平不均衡。对此，在发展夜间经济时，要尊重各地人民的风土人情、注重城市特色内涵的开发、探索不同经济环境下各区域夜间经济发展模式，杜绝"千城一面"现象的重演。例如，东部地区经济发展好，消费需求旺盛，对此，北京、上海、广州等地出台政策，力推夜间经济发展，着力打造夜间经济示范区；中西部的成都、重庆等地，尊重当地市民夜间消费习惯，向更深层次拓展夜间消费；西北部地区，如兰州提出打造深夜食堂，推动夜间让利购物活动，这不仅满足了当地人民的"胃"，还有利于开源节流，发展绿色经济；一些历史文化名城，如天津、济南等地，出台了符合当地文化特色、深挖当地城市消费潜力的夜间经济发展政策。

发展城市夜间经济，要深挖城市精神文化内核。夜间经济不是地摊经济，不是吃喝经济，不是灯光秀，不是网红秀，而是基于城市服务业发展，而又具有精神文化层面追求的经济模式。各地在发展夜间经济时，应着力挖掘城市精神文化内核，培育地方特色的夜间生活文化，打造精神和物质同步的"不夜城"。例如，北京上海等地，延迟关闭博物馆、美术馆、图书馆，鼓励更多商场、剧院、书店深夜开放，让人们在书香雅致中点亮城市夜色；苏州、正定等地夜间开放景区，让人们体会夜航船、登城楼的古趣，游园林、访古寺的韵味，听评弹、赏元曲的格调；成都、广州等地以地方美食文化为契机，给游人和当地居民展开了新型夜游图……如此这般，都是尽可能地利用夜间经济模式，来展现城市内涵，提升城市品质形象的做法。

发展城市夜间经济，要提升城市精细化管理水平。夜间经济繁荣后，对城市基础设施以及公共服务体系的需求会大量增加，会给城市交通、环境、安全等带来管理压力和责任，如果城市管理延续过去的思维和模式，就难以满足夜间经济发展的需要。例如北京，每周五、周六，延长地铁运行时间，提供更长时间的夜间公共交通服务，满足人民夜间出行需求；在公安、城管及环卫等方面加强安保及预警机制，保障人民安全，使生产生活有序进行。要发展夜间经济，就必须加快对城市现有管理体系的梳理和调整，既要规划好夜间经济的空间布局，也要理顺城市公共服务体系运行机制，为夜间经济发展创造良好环境。

（中国城市建设网，2019 年 8 月 2 日）

生态文明之"取之有度 用之有节"

《资治通鉴》中提到,"夫地力之生物有大限,取之有度,用之有节,则常足。取之无度,用之无节,则常不足。"这就告诫我们,对大自然给予的宝贵生态资源,索取要有限度,使用要有节制,不可焚林而田、竭泽而渔。

"取之有度,用之有节",用在今天就是生态文明的理念,也是建设良好生态环境,实现可持续发展的重要保证。

当前,我国仍处于工业化、城镇化加速推进阶段,资源、环境约束仍在加剧。坚持"取之有度,用之有节"的发展理念,倡导简约适度、绿色低碳的生活方式,提高环保意识、生态意识,形成尊重自然、爱护自然的绿色价值观念,改变高能耗高污染的粗放式发展方式,有效保护生态环境,建设宜居宜业家园,才能真正破解资源环境约束的难题,实现环境可持续发展,完成新型城镇化顺利推进。

倡导先进的生态文明观

目前,全社会对生态文明建设的意义认识仍不到位,节约资源、保护环境还没有成为人们普遍的自觉行动,一些地方仍不惜以破坏生态环境为代价换取经济增长,生产中的高耗能高排放、生活中的资源浪费等,都使加强生态环境保护迫在眉睫。要在全社会大力倡导绿色生产生活观念,引导人们用先进的生态文明观认识、解释和处理现实问题,增强民众节约意识、环保意识、生态意识,形成与生态文明建设相适应的生产生活方式。

实现绿色、循环、低碳发展模式

改革开放 40 多年来，我国很多地方曾出现破坏生态环境、过度开发资源等粗放型的经济增长方式。建设生态文明必须要坚持节约资源和保护环境的基本国策，把绿色发展、循环发展、低碳发展作为长久之策。

坚持以科学发展为主题、以加快转变经济发展方式为主线，努力实现经济活动生态化、发展模式绿色化；以资源高效循环利用为目标，注重减量化、再利用、资源化，加快资源循环利用产业发展，构建资源循环利用体系，发展可再生能源，努力优化能源消费结构；强化节能减排目标责任制，合理调控能源消耗总量，严格控制高耗能高排放产业低水平重复建设，下大力气淘汰落后生产能力，促进产业结构优化升级。

健全绿色发展政绩考评机制

探索建立绿色发展考评机制，将生态指标作为业绩考核的重要内容，更加注重发展方式转变、资源节约利用、生态环境保护的政绩评价体系，使之成为推进生态文明建设的重要导向和约束。将"取之有度，用之有节"这一生态文明理念贯彻进政府管理人员考核之中，防止一味以 GDP 排名比高低、论英雄，厘清绿色发展和生产总值增长的关系，把保护生态、改善环境和人才引进作为高质量发展的基本前提，用最小的资源环境代价支撑更高水平的经济社会发展。

（中国城市建设网，2019 年 7 月 26 日）

小城镇也要高质量发展

小城镇介于城乡之间,地位特殊,能够承接城市产业发展,又能辐射带动乡村振兴,在新型城镇化发展中地位重要、意义重大。

随着我国城市集群化的发展,位于城市群空间网络体系中的小城镇不仅可以充分发挥其区位优势,将自身的特色产业或者特色功能嵌入到城市群功能体系中去,同时还可以借助区域一体化的契机,提升其在生产、消费、流通以及纽带等方面的功能。

在特定城市群区域内,伴随经济社会发展,小城镇区域内居民消费规模日益扩大,消费结构升级趋势加快,为小城镇的发展提供了新的路径,通过对接满足城市消费、居住、养老需求,小城镇将迎来较快发展。

小城镇将成为重要的休闲养老居住地。高密度的一线城市生活节奏繁忙、房价居高不下、环境改善较慢、交通拥挤等一系列城市病使生活在其中的居民更加向往山清水秀、鸟语花香的田园生活。城市居民的这种需求在小城镇能够得到更好的满足。伴随着交通网络的完善,那些位于大中城市周边、具有良好自然生态环境、保持较好乡村地域特色、服务基础设施完善的小城镇有望成长为城市群区域内重要的度假居住、文化体验、休闲娱乐、健康养老等产业集聚点。

小城镇的发展是新型城镇化的必然发展阶段。城市群发展到一定阶段,必然会对相应半径内的区域形成辐射,带动区域的共同发展,大城市周边的小城镇在这个有效范围内,受到大城市的影响,成为其规划发展中的一部分。

小城镇将是推动城乡一体化的重要力量。小城镇经济基础同农业有天然的联系，在区位上又与农村接近，在文化生活上也易于为农民所接受，有着实现新型城镇化的重要基础。这就要求城市群区域内的小城镇，一方面要逐步扩大开放度，主动融入城市群，积极运用新思维、新技术，探索如何更好地回应、接受来自城市群的辐射；另一方面，通过积极回应并给予辐射源更好的回报，来争取更多的辐射源和辐射力，带动周边乡镇、产业和企业发展，带来更多就业机会。

我国现有的小城镇绝大多数都是历史上自发形成的，发展上存在一定的盲目性和不平衡性。一些小城镇的建设缺乏科学规划和管理，小城镇的数量多而规模小，多数小城镇发展水平较低、功能不够完善，许多地区小城镇的分布不均衡，结构不合理、就业机会少等，严重地阻碍着小城镇的健康发展。

今后，我们要科学制定小城镇发展规划，优化小城镇与乡村腹地的功能布局和规模结构，激活小城镇发展动能，推进小城镇高质量发展。

（中国城市建设网，2019年7月19日）

历史遗产给城市生命带来新的活力

日前，联合国教科文组织第 43 届世界遗产委员会会议通过决议，将良渚古城遗址列入《世界遗产名录》，良渚古城遗址成为我国的第 55 处世界遗产。

截至 2019 年 7 月 6 日，世界遗产总数达 1 092 处，分布在世界 167 个国家，我国拥有世界遗产 55 处，位居世界第一。随着我国世界遗产数量的逐年增加，如何处理好历史遗产保护与城市发展之间和谐共生这个问题，值得思考。

世界遗产是指被联合国教科文组织和世界遗产委员会确认的人类罕见的、目前无法替代的财富，是全人类公认的具有突出意义和普遍价值的文物古迹及自然景观。世界遗产具有无可替代性，所以，对世界遗产加强保护是第一位的。

一个城市的历史遗迹、文化古迹、人文底蕴，是城市生命的一部分。文化底蕴毁掉了，城市建得再新再好，也是缺乏生命力的。要像爱惜自己的生命一样保护好城市历史文化遗产，以延续历史、传承文化，切实保护遗产的真实性和完整性为原则；明确管理主体，加快遗产保护立法；做到合理开发，适度利用；增强科研实力，对文物做到更专业、更科学的保护。

其次，科学规划、创新发展两不误。历史遗产是一个城市重要的功能组成部分，是处在生长和变化中的活态文化遗产。城市规划和建设要高度重视历史文化保护,要突出地方特色,注重人居环境改善,更多采用微改造这种"绣花"功夫,注重文明传承、文化延续。文物虽然不会自己"说话",但为了让文物"活"起来,可以创新技术手段,借助短视频、5G网络传播技术、3D微缩模型、艺术创作等辅助手段,多角度、全方位地解读和展示文物所经历的设计、制作、使用、废弃、埋藏的生命历程,以及其承载的制度、经济、城市、文化、艺术、科技等丰富信息。通过运用新技术,能让文物遗产"讲述"城市变迁,能让历史文化和现代生活融为一体。

此外,平衡好历史遗产与所在城市发展之间的关系。历史遗产是发展旅游产业经济的重要组成部分,是塑造城市自身文化特色的重要资源。做好历史遗产旅游开发是促进城市经济、社会和谐发展的重要途径。要树立大遗址保护利用典范、打造文旅融合发展样板,通过引导发展文化产业、文创产业、民宿经济等,积极助推历史遗产周边地区经济社会发展,提高当地居民的收入水平;对历史遗产所在地进行人居环境改造,提高居民的生活质量和水平,为历史遗产保护赢得更加广泛的支持和理解,使当地人更加自觉、自愿参与到遗产保护和生产发展中来。做好当地旅游,激活当地经济,才能吸引人,留住人,这也是推动城镇化建设,推进乡村振兴的重要措施。

(中国城市建设网,2019年7月12日)

老旧小区如何改

时光如梭,曾经光鲜亮丽的居民区终于和老住户们一样,抵不住时光流转、岁月更替,在日新月异的城市发展中垂垂老去。同时,不少年轻人也面临着"人未老,房先衰"的现状,如何破解老旧小区带给住户的困局,日前,住建部召开会议,指出将按照中央城市工作会议、《政府工作报告》的要求和国务院常务会议部署,全面推进城镇老旧小区改造。

老旧小区,又被人称作"老破小",一般指房龄超过30年、市政配套设施老化问题突出、公共服务缺项较多的或者抗震节能标准未达标的小区。老旧小区不仅指楼房,还包括平房。

目前,老旧小区问题突出——管网破旧,上下水、电网、煤气、光纤设施缺失或老化严重;养老、抚幼等公共服务缺失,机动车和非机动车存放混乱;物业管理匮乏,公共环境普遍较差,道路破损、私搭乱建严重等。

如此诸多问题,严重影响着居民幸福感的提升,小区居民期盼住得更舒服、更体面,如何破解涉及上亿人的老旧小区给居民带来的困局,应做到以下几点。

首先,政府给予老旧小区改造的政策保障,制定科学适宜的可行性方案进行引导和统筹协调。老旧小区改造不仅是一个建设工程,其实更多的是一个社会治理、基层组织动员工作,需要发动老百姓共谋、共建、共管、共评、共享。所以这个过程中，政府一定不能大包大揽，而要加强政策支持，给予科学的综合设计，引导发动居民积极参与。

第二，加强老旧小区基础设施改建。在经历了将近30年的岁月侵蚀后，城镇老旧小区水、电、气、路等市政基础设施脆弱，私搭乱建严重影响机动车和非机动车停放及垃圾分类实施，涉及公共服务的便民设施严重缺失。因此，因地制宜、因房而异对老旧小区基础设施进行改造，同时加强小区物业管理的完善，建立小区后续长效管理机制都是亟待解决的问题。

第三，老旧小区改造要尊重个人意愿。例如，老旧小区加装电梯就是一个需要做好居民协商的焦点问题。楼层越高的居民意愿越强烈，但是一二楼居民需求不迫切，反而觉得电梯占用公共空间，损害自身利益。因此，老旧小区改造，要大家的事大家商量着办，必须因地制宜，一个楼门一个方案，一栋楼一个方案，把群众工作做细做好。

此外，老旧小区改造要创新投融资机制，要以可持续方式加大金融对老旧小区改造的支持，运用市场化方式吸引社会力量参与。对于老旧小区改造的资金来源，更多的还是要调动社会资本的积极参与。在改造过程中平衡好资本方的投入和收益，让资本方不但参与共建，并且能够参与后续共同运营。

建设宜居城市首先要建设宜居小区。我国城镇老旧小区量大面广，老旧小区改造要处处体现以人为本，通过因地制宜、因房而异、查漏补缺的柔性化治理及精细化服务，做到"人民城市人民建、建好城市为人民"。

（中国城市建设网，2019年7月5日）

垃圾分类是绿色生活方式的重要内容

7月1日,《上海市生活垃圾管理条例》将正式实施。随着我国经济高速发展,人民生活水平不断提高,越来越多的商品被大规模生产、被大量消耗,又产生着大量的垃圾。由此,绿水青山遭到威胁,各类资源被过度消耗,此时,倡导全民实行垃圾分类是从源头杜绝浪费、保护环境的关键,垃圾分类是倡导绿色生活方式的重要内容。

垃圾分类,是按一定规定或标准将垃圾分类储存、分类投放和分类搬运及分类处理,从而转变成公共资源的一系列活动的总称。垃圾分类,对普通中国老百姓来说,并不算一个陌生的词语。早在1957年7月12日,《北京日报》头版头条就刊载《垃圾要分类收集》一文,这是我国首次提出"垃圾分类"的概念。2000年6月,8个城市开启垃圾分类收集试点,但未在全国推行开来。又经过20年,生态文明建设日趋深入人心,垃圾分类才重回大众视野,在动用了很多资源进行垃圾分类推广普及后,仍未完全贯彻实行。

倡导绿色生活,推行垃圾分类,关键是要加强科学管理、形成长效机制、推动习惯养成。今年6月5日,国务院召开常务会议,会议通过《中华人民共和国固体废物污染环境防治法(修订草案)》。该草案强化工业固体废物产生者的责任,完善排污许可制度;要求加快建立生活垃圾分类投放、收集、运输、处理系统。随后,住建部等9部门联合发布《关于在全国地级及以上城市全面开展生活垃圾分类工作的通知》,决定自

2019年起在全国地级及以上城市全面启动生活垃圾分类工作。一系列政策表明政府在全国推行垃圾分类的信心和决心。

倡导绿色生活，推行垃圾分类，要加强引导、因地制宜、持续推进，把工作做细做实，持之以恒抓下去。北京、上海、广州、深圳等超大城市先后就生活垃圾管理建章立制，通过督促引导，强化全流程分类、严格执法监管，让垃圾分类落实落深。号称"史上最严"的《上海市生活垃圾管理条例》指出，生活垃圾按照"可回收物""有害垃圾""湿垃圾""干垃圾"的标准分类，垃圾没有分类和未投放到指定垃圾桶内等会被罚款和行政处罚，如果个人没有将垃圾分类投放，经劝说无效者，最高罚款200元人民币，单位混装混运最高罚款5万元人民币。此条例因地制宜，细致明了，又极具标志性意义，也意味着上海率先将垃圾分类纳入法治化轨道。

倡导绿色生活，推行垃圾分类，要开展广泛的宣传引导工作，让广大人民群众认识到实行垃圾分类的重要性和必要性，通过有效的督促引导，让更多人行动起来，培养垃圾分类的好习惯，全社会人人动手，一起来为改善生活环境作努力，一起来为绿色发展、可持续发展作贡献。垃圾分类本质上就是通过人人参与使资源富集的过程，在目前条件下必须要经过居民的自觉行动才能完成。通过长久培养的这种习惯性认知，一旦养成，就会成为一种更加文明的自然行为，受益的人除了自身，还包括全社会，同时也将改变几代人的生活方式。干净、整洁的环境背后，需要人人共同行动，转变生活习惯和消费方式，才能让环保意识成为全民共识，让绿色生活方式走进千家万户。

（中国城市建设网，2019年6月28日）

重塑新型城乡关系 实现城乡全面融合

日前发布的《中共中央国务院关于建立健全城乡融合发展体制机制和政策体系的意见》（以下简称《意见》）指出，我国到2022年，城乡融合发展体制机制初步建立；到2035年，城乡融合发展体制机制更加完善；到本世纪中叶，城乡融合发展体制机制成熟定型。《意见》还指出到2035年，我国城镇化进入成熟期。这意味着在那个时候，城镇化率将由现在的60%左右，提升到70%至75%。

城镇化是现代化的必由之路，也是乡村振兴和区域协调发展的有力支撑。然而，在城镇化水平快速提升的同时，农业农村还存在很多发展短板。城乡融合发展体制机制建设是破解新时代农村发展短板的关键抓手。因此，推进新型城镇化建设，必须建立健全城乡融合发展的体制机制和政策体系。

近年来，中国的城乡关系调整取得了显著成效，城乡基本公共服务均等化水平明显提高，城乡居民在医疗保障、义务教育以及基本养老保险等方面均实现了制度全覆盖。但相比城乡融合发展，尚有巨大差距，乡村建设依然落后于城镇建设的发展速度。要实现全面建成小康社会的既定目标，必须直面城乡融合发展的艰巨任务。

为了重塑新型城乡关系，城乡融合发展的体制机制改革必须落实以人民为中心的发展思想。因此，城乡融合发展体制机制改革的总方针是坚持农业农村优先发展；改革抓手是协调推进乡村振兴战略和新型城镇化战略；改革目标是缩小城乡发展差距和居民生活水平差距，增加农民的收入，真正实现农民收入的持久稳定增长。

城乡融合发展的体制机制改革核心是要夯实土地的产权基础，在推进集体建设用地入市的过程中，要严格守住土地所有制性质不改变、耕地红线不突破、农民利益不受损底线，守好生态保护红线和乡村文化根脉，高度重视和有效防范各类政治经济社会风险。必须改变"重城轻乡、城强乡弱"二元经济制度，清除影响城乡融合发展的重要障碍。

此外，城乡融合发展体制机制改革不能搞成全国"一刀切"。把试点作为重要改革方法，在试点区，按照"多规合一"要求科学编制空间规划，实现土地利用规划、城乡规划等有机融合，确保"三区三线"在市县层面精准落地，及时总结提炼可复制的典型经验并加以推广。努力形成一个符合各地实际、各具特色的改革路径和城乡融合发展模式。

建立健全城乡融合发展的体制机制和政策体系，实现城乡全面融合、乡村全面振兴、全体人民共同富裕，有利于激发经济内生潜力，有利于重塑新型城乡关系，有利于走城乡融合发展之路，有利于促进乡村振兴和农业农村现代化。

（中国城市建设网，2019年6月21日）

注重自然修复 科学推进生态系统保护

"人的命脉在田，田的命脉在水，水的命脉在山，山的命脉在土，土的命脉在树……"这充分阐述了山水林田湖草各要素生态过程相互依存、相互促进、相互制约的关系，山水林田湖草是一个完整的陆域生态系统，因此，对山水林田湖草进行统一保护、统一修复是十分必要的。

山水林田湖草各生态要素之间是一个普遍联系的"生命共同体"，用途管制和生态修复必须遵循自然规律，管理生态系统必须从全局视角出发，根据相关要素功能联系及空间影响范围，实施系统性保护方案。

首先，建立一套长效的工程实施的保障措施和机制非常重要。实施山水林田湖草生态保护修复工程须打破行政区划、部门管理、行业管理和生态要素界限，统筹考虑各要素保护需求，推进生态系统整体保护、系统修复、综合治理。建立与"山水林田湖草生命共同体"理念相适应的体制机制，打破条块化管理体制，破除制度瓶颈，为山水林田湖草生态保护修复工程顺利实施提供保障。

其次，山水林田湖草生态保护修复的核心是修复"人与自然的关系"，在选择路径上要最大限度采用近自然方法和生态化技术。建立以生态功能提升为目的的生态保护修复模式，对生态功能重要和脆弱地区进行保护保育和修复治理，以自然恢复为主，人工治理措施为辅，构建人与自然和谐格局。

此外，在水生态修复方面，要以保护、建设良好的生物生存环境与自然景观为前提，采用生态护岸、自然弯曲河道等修复技术。当前，一些天然河道系统被硬化成为混凝土河道和排水渠系统，河道无法发挥水流的调蓄和对地下水的补给功能，水驳岸的生态性和亲水性几乎丧失。为此，河道改造应融入雨水管理设计，科学利用雨水资源，促进良性水循环。河道整治技术要坚持自然恢复为主，与必要的人工修复相结合。

值得注意的是，山水林田湖草生态修复在完善政策、规划制定、科学认证和创新管理上还有很长一段路要走。当前山水林田湖草生态修复工作，普遍存在论证不充实，项目规划不合理。主要表现为忽略了区域自然环境之间的差异性；体制设计上忽视了生态修复工程管理治理一体化，监督管理机制不完善；山水林田湖草生态保护修复以试点为主，缺乏规划，存在空间布局不匹配、目标定位不准确、考核监督不到位等问题。

今后，实施山水林田湖草生态保护修复工程，要树立"绿水青山就是金山银山"的生态文明价值观，编制全国及区域山水林田湖草生态保护修复总体规划，明确山水林田湖草生态保护修复的空间布局、类型组成、责任体系，分区分类明确山水林田湖草生态保护修复的目标定位、任务要求，合理确定山水林田湖草生态保护修复的进度安排、分期目标，要按照"山水林田湖草生命共同体"的逻辑和思维，创新理念，因地制宜设计实施路径。

（中国城市建设网，2019年6月14日）

把绿色理念刻在心里

6月5日,第46个"世界环境日"如期而至。这一特别的日子再次提醒人类,地球作为我们共同的家园,由于受到人们生产生活中不断增加的环境问题的影响,正面临严重的生态危机。人类只有一个地球,保护生态环境,推动可持续发展是每个人的共同责任。今年的世界环境日由中国主办,"蓝天保卫战,我是行动者"是这次世界环境日的主题。

近年来,我国绿色环保已取得重大进展。例如,能源结构持续优化,节能工作迈出坚实步伐,各行各业向节能环保、绿色发展转型成效显著。但也应看到,我国仍面临环境污染、气候变化、生物多样性减少等严峻挑战,全面形成绿色发展新格局依然任重道远。

绿色发展必须守住生态环境保护底线。要像保护眼睛一样保护生态环境,像对待生命一样对待生态环境。深入贯彻党的十八大以来生态文明建设重要战略思想,全面开展蓝天、碧水、净土保卫战,坚决打赢污染防治攻坚战。建立健全绿色发展监管体系,构建智能化资源环境监测网络系统。加大对环境监测弄虚作假行为的打击力度,通过大数据分析保证监测数据真实、准确、全面,使绿色发展指数真正成为督促和引导各地推进绿色发展和生态文明建设的"风向标"。

绿色发展的关键是实现绿色转型。要构建市场导向的绿色技术创新体系,建立系统完备、科学规范的绿色质量标准体系,强力推进能源绿色革命和气水土污染治理,促进绿色技术、绿色资本、绿色产业有效对接，有力有序淘汰落后产能。把节能贯穿于经济社会发展全过程和各领域，坚定调整产业结构，高度重视城镇化节能，树立勤俭节约的消费观，加快建设能源节约型社会。

绿色发展应广泛融入经济社会发展各领域。在经济领域，要毫不动摇坚持发展是硬道理、发展应该是科学发展和高质量发展的战略思想，强力促进绿色发展转型和绿色经济繁荣，推动经济社会持续健康发展；在文化领域，要培育和树立绿色价值观，倡导尊重生命、敬畏自然，倡导人与自然和谐共生，发展绿色文化；在科技领域，要大力研发应用绿色、节能、低碳、循环、环保、生态技术，让绿色产业、绿色产品的发展具有坚实技术支撑，不断增强创新驱动发展能力。

绿色发展需要每个人用行动来实现。良好生态环境是最普惠的民生福祉，也是最基本的公共产品。在共建生态文明之路上，没有人可以置身事外。从"人人看环保"迈向"人人参与环保"，这是一种环境治理的智慧，是一种生活方式的转型，更是一种生态文明建设主人翁意识的培养。不要到了世界环境日这一天才惊觉自己该为环保出份力，应把绿色的理念刻在心里，让每天都成为环境日。只有真知才能真行，让绿色环保成为融入日常生活的自觉，这正是世界环境日设立的初心与意义。

在绿色发展的漫漫征途上，我们要高度重视生态环境保护，秉持绿水青山就是金山银山的重要理念，倡导人与自然和谐共生，自觉践行绿色发展理念，让天更蓝、山更绿、水更清、环境更优美、人民生活更美好！

（中国城市建设网，2019年6月6日）

"绿色发展"开启中国城市建设高光时刻

城市是人类文明的载体,城市化已成为当今世界的发展趋势。世界各国都在积极探索城市发展新模式。绿水青山就是金山银山的理念日益深入人心,绿色发展已成为时代的潮流。以"智慧宜居 绿色发展"为主题的第五届中国城市建设峰会暨国际城市发展研讨会于5月17日在北京成功召开。国内外专家学者共襄盛举、共论发展。

城市发展的关键,首先就是要实现绿色转型,这既是机遇,又是挑战。未来的智慧终端将使生活更加便利,智能装配式建筑将解决施工污染、用工荒等问题。绿色发展倒逼企业变革,科技创新成为企业发展的内生动力。要构建市场导向的绿色技术创新体系,企业就要促进绿色技术、绿色资本、绿色产业的有效对接。

峰会为许多企业促成了合作,为宜居城市建设带来新的发展动力。绿色发展应广泛融入现代社会发展各领域,国内外各行各业均重视绿色发展的进程。绿色发展是城市竞争力评价的重要指标,许多国家都经历过先污染后治理之路,不过最终绿色发展都将成为城市发展的主题。

未来城市建设将绿色低碳和绿色生态作为城市建设的底色,让生活在城市的人们看得见山,望得见水,呼吸新鲜的空气。绿色发展已经深入人心,宜居城市理念也已"飞入寻常百姓家"。

峰会会集了来自国内外城市建设领域的领导、专家、学者及企业家,为城市管理者、建设者及专家共同探讨"智慧宜居 绿色发展"搭建了良好的合作对话平台。社会热议的"绿色发展"开启了本届峰会的高光时刻,带来了先进的绿色发展理念,进一步提升了城市的生态优势和城市影响力。

无疑,第五届中国城市建设峰会成功且成果卓越!

(中国城市建设网,2019年5月24日)

推动中心城市发展 增强城市辐射带动力

今年召开的中央经济工作会议指出,要增强中心城市辐射带动力,形成高质量发展的重要助推力。当前我国经济已由高速增长阶段转向高质量发展阶段,整体经济实力不断增强,但发展不平衡不充分问题依然突出,区域差距依然存在。增强国家中心城市辐射带动力,是释放创新活力,提升经济、社会发展质量的重大举措。

国家中心城市是指居于国家战略要津、肩负国家使命、引领区域发展、参与国际竞争、代表国家形象的现代化大都市。国家中心城市必须是国家组织经济活动和配置资源的中枢;是国家综合交通和信息网络枢纽;是国家科教、文化、创新中心;是国际影响力和竞争力中心;是国家城市体系中综合实力最强的"塔尖市"。

国家中心城市必须具备综合服务功能、产业集群功能、物流枢纽功能、开放高地功能和人文凝聚功能,与其他城市相比,国家中心城市应具有不可替代性。

2010年,住建部发布的《全国城镇体系规划(2010—2020年)》中首次提出建设北京、天津、上海、广州、重庆五大国家中心城市。2016年5月发布的《成渝城市群发展规划》,明确成都要"以建设国家中心城市为目标"。2016年12月份,国家发改委发布《促进中部地区崛起"十三五"规划》,明确支持武汉、郑州建设国家中心城市。2018年2月份发布的《关中平原城市群发展规划》明确提出"建设西安国家中心城市"。至此，我国已有北京、天津、上海、广州、重庆、成都、武汉、郑州、西安9座城市进入国家中心城市建设之列。

在资源环境承载条件和经济发展基础较好的地区规划建设国家中心城市，既是引领全国新型城镇化建设的重要抓手，也是完善对外开放区域布局的重要举措。随着中国经济的不断发展，区域经济一体化发展的趋势加快，城市间经济联系不断增强，中心城市开始逐渐发挥其对区域经济发展的带动作用。

2018年我国城镇化率达到59.58%。近年来，户籍人口城镇化率年均提高1.2个百分点以上，2017年底户籍人口城镇化率达到42.35%。城市高质量发展，是支撑经济高质量发展的重要动力。建设国家中心城市，最终要落到促进高质量发展上来。《中共中央国务院关于建立更加有效的区域协调发展新机制的意见》提出，建立以中心城市引领城市群发展、城市群带动区域发展新模式，推动区域板块之间融合互动发展。国家中心城市不仅要关注自身的发展，还要在服务全国发展大局中作出更大贡献，引领中国城市建设走出一条更高质量、更有效率、更加公平、更可持续的发展之路。

在经济全球化的趋势下，城市是对外开放的前沿和重要载体，城市的开放直接代表了国家的开放水平。作为我国城镇体系层级"塔尖"的国家中心城市的开放必须要先行先试，才能对其他城市的对外开放发挥示范作用。

在未来的国家中心城市建设中，要构建布局合理的多中心、多元化、多层级的国家中心城市体系，并加强各个国家中心城市之间的联动发展以配合国家功能的实现和完善。此外，要推进国家中心城市融入全球城市网络体系的竞争中，集聚全国甚至全球的高端资源，强化与世界的联系，全面提升国际交往便利度和交流合作紧密度，提升城市的国际形象和影响力，助力城镇化发展。

（中国城市建设网，2019年5月10日）

绿色治理 福泽子孙

今年的《政府工作报告》在阐述 2019 年经济社会发展的主要预期目标时明确指出："生态环境进一步改善，单位国内生产总值能耗下降 3% 左右，主要污染物排放量继续下降。"

2019 年是新中国成立 70 周年，也是全面建成小康社会、实现第一个百年奋斗目标的关键之年。在党和国家各项事业蓬勃发展的当下，建设生态文明和美丽中国，已成为新时代关系人民福祉、关乎民族未来的大计，是实现中华民族伟大复兴的中国梦的重要内容。

我们要认真贯彻国家对于生态文明建设的决策部署和政策举措，践行"绿水青山就是金山银山"理念，为生态文明建设贡献智慧和担当。

"绿色治理"，是构建现代化经济体系的必然要求，是解决污染问题的根本之策，要实行最严格的生态环境保护制度，形成绿色发展方式和生活方式，加强污染防治和生态建设，坚定走生产发展、生活富裕、生态良好的文明发展道路。特别要改革完善相关制度，协同推动高质量发展与生态环境保护。

加强绿色治理，要加大环境污染综合治理，要像保护眼睛一样保护生态环境，像对待生命一样对待生态环境。坚持节约资源和保护环境的基本国策，坚持环境治理、生态修复与资源节约利用齐抓共管。用最少的资源环境代价取得最大的经济社会效益。

加强绿色治理，要加大科技投入，加强自主创新，加强绿色技术重大创新平台、创新人才队伍和创新服务体系建设，加快构建绿色技术成果转化应用推广机制，推动绿色技术产业化、绿色产业规模化。通过科技创新和体制机制创新，落实创新、协调、绿色、开放、共享的发展理念，形成人和自然和谐发展的现代化建设新格局。

加强绿色治理，加快转变经济发展方式。建立健全绿色低碳循环发展的经济体系，运用绿色低碳技术改造提升传统优势产业，促进传统产业向绿色产业转型升级，推动新兴绿色产业发展。

加强绿色治理，要全面促进资源节约集约利用。要实施节水行动，降低能耗、物耗，实现生产系统和生活系统循环链接；推进绿色生产、绿色包装、绿色制造、绿色流通、绿色采购、绿色消费、绿色回收等，降低生产和流通中的能源资源消耗和污染物排放；倡导绿色低碳的生活方式，反对奢侈浪费和不合理消费，在全社会营造绿色生活良好氛围。

加强绿色治理，要强化绿色监管。加快生态文明体制改革，建立和完善自然资源资产管理和自然生态监管的有关机构和制度；严格控制污染物排放、强化污染责任、加强环境执法、健全环保评价、强制信息披露，构建系统环境治理体系。

加强绿色治理，要完善生态文明制度体系。要探索和改进绿色考评，建立健全政府主导、公众考核、专家评议、过程透明的考评机制；强化绿色考核评价制度建设，建立体现绿色发展要求的目标体系、考核办法、奖惩机制；健全法律法规体系，坚决制止和惩处破坏生态环境行为。

正如习近平主席强调，坚决摒弃损害甚至破坏生态环境的发展模式，摒弃以牺牲生态环境换取一时一地经济增长的做法，让良好生态环境成为人民生活的增长点、成为经济社会持续健康发展的支撑点、成为展现我国良好形象的发力点，让中华大地天更蓝、山更绿、水更清、环境更优美。

（中国城市建设网，2019年4月26日）

科学有效开发利用城市地下空间

城市是代表一个国家经济发展水平和社会文明进步的重要标志。城市发展充分向地下发展延伸是城市现代化建设的鲜明特征之一。随着城市的发展，城市地下空间已经成为社会经济发展的重要资源。李克强总理说，"我们的城市地上空间高楼林立，发展势头很好，但在地下空间利用的深度广度上，与发达国家还有较大差距。地下空间不仅是城市的'里子'，更是巨大潜在资源"。

地下空间开发利用可以实现城市空间拓展，提高土地利用效率；可以建立完善的城市地下防灾空间体系，完善城市功能，强化城市的灾害抵抗能力；可以拉动城市建设的科技需求，推动城市科技产业转型与技术进步。

城市地下空间开发利用有助于改善城市环境。通过发展地下商业，修建地下轨道交通系统，实现城市污染项目的地下化，可以扩大城市空间容量，增加城市绿化面积，减少城市污染，创造良好的市容，实现生态环境良性循环。

城市地下空间开发利用有助于保障城市安全。地下空间具有良好的防灾特性和功能，如抗爆特性、抗震特性、防火特性、防毒特性等，通过开发利用地下空间，可形成城市的综合防灾减灾空间体系，地下空间能够实现单灾种防护向多灾种综合防护的转变。在灾害发生后，城市地面功能大部分丧失，而地下空间则可保存部分城市功能，各种救援物资也能通过地下交通系统供应,地下管线则能在一定程度上保障城市水、电、气的供应,还能提供通信功能等。

城市地下空间开发利用有助于化解影响城市发展的核心矛盾。城市交通堵塞、环境污染、秩序混乱等各种"城市病"集中暴露,对经济发展和社会进步不利,土地集约利用与风险集成的矛盾是影响城市发展的核心矛盾。地下空间的开发建设将部分城市功能置于地下,能够隔离人群,避免风险。以燃气入廊为例,通过燃气入廊,使燃气管道的敷设不会受到地质条件的限制,可以受到空间保护,避免土壤腐蚀,延长寿命,也不会被压坏。

目前,我国地下基础设施规划与建设存在诸多短板,如地下管网敷设混乱、底数不清,地上地下规划不同步、道路反复挖掘,建设缺乏前瞻性、远落后于城市承载力需求等,要系统规划建设地下交通、地下管廊、地下物流、地下建筑、地下商业、地下科研设施等新基础设施。

发展地下空间,需要进一步加快城市地下空间资源立法,统一规范、统一标准、统一安全运维,加快出台约束性法规。在此基础上,进行全域多规合一规划,加大体制机制创新,引导各方资本积极投入城市地下空间开发。

我国亟待将"地下空间"作为关键构成,纳入智慧城市公共信息平台和应用体系建设框架,依托高精准定位、云计算、大数据、信息感知等,统筹协调地下消防、供电、照明、通风、排水、通信、监控、报警、标识等附属设施的信息采集和动态更新,全面实现地下基础设施建设与管理的智能化。

(中国城市建设网,2019年4月19日)

让老城老而不衰 魅力常在

李克强总理在今年的政府工作报告中指出：城镇老旧小区量大面广，要大力进行改造提升，让城市更加宜居，更具包容和人文关怀。

开展老旧小区改造提升是践行以人民为中心发展思想，满足老旧小区居民日益增长的美好生活需要，使人民群众安居乐业、共享改革发展成果。

日前，发改委印发的《2019年新型城镇化建设重点任务》要求，以推进老旧小区改造、完善社区及周边区域活动和综合服务设施、开展生活垃圾分类等为着力点，办好群众关注的"民生小事"。

推进老旧小区改造提升，有利于改善居民的居住条件和生活品质，提高群众获得感、幸福感、安全感；有利于加强和创新基层社会治理，打造共建共治共享的社会治理格局；有利于应对老年化，我国城区大部分的老年人生活将来还必须通过居家养老加社区服务来解决，但前阶段所建的多层住宅绝大多数缺乏电梯和按老年生活所需的特殊卫生间等必备设施，须由地方政府或社会组织牵头组织实施节能和适老方面的改造，这样可以降低全社会的养老负担；有利于承载城市的记忆，老旧小区往往建在城市中心，城中心的生活画卷是人们对这座城市最深刻的印记。因此，老旧小区改造提升工作受到老旧小区居民的极大关注，让老城老而不衰，魅力常在，是老旧小区居民的期盼。

如何推进老旧小区改造提升工作，对此，住建部部长王蒙徽指出，

"在老旧小区改造中，要坚持问题导向，顺应群众期盼，先民生后提升，明确近远期老旧小区改造的重点和内容。并坚持因地制宜，精准施策，结合本地和小区实际，共同制定科学的改造方案"。

抓紧老旧小区改造提升，要强化顶层设计，明确老旧小区改造提升工作方向目标和基本框架，明确老旧小区改造提升项目在前期准备、项目实施、后期管养等阶段的工作任务和主体责任，加快改造进度，提升改造质量，建立有利于更新改造的政策机制。

抓紧老旧小区改造提升，要做好历史文化建筑保护。对涉及历史街区、历史风貌区、历史建筑的老旧小区，编制改造方案时必须明确按照国家和地方《历史文化名城保护办法》等规定，严格做好改造范围内历史建筑和文脉肌理的保护。结合各改造小区的实际，推行不同解决方案和模式，把老旧小区改造和文明社区创建、绿色环保社区创建融为一体。

抓紧老旧小区改造提升，要坚持以人民为中心，充分运用"共同缔造"理念，激发居民群众热情，调动小区相关联单位的积极性，实现决策共谋、发展共建、建设共管、效果共评、成果共享。要构建城市社区多元共治机制。通过改造工作对街区、社区的市场、公厕、绿地、停车场等基础设施和配套服务设施进行补强，要运用"共同缔造"理念，通过系列社区活动、社区营造等方式和方法，谋求社区居民社区认同感、社区参与感的提升，充分激发居民群众热情，调动社区相关联单位的积极性，共同参与社区改造，实现决策共谋、建设共管、效果共评、成果共享。

抓紧老旧小区改造提升，要明确老旧小区改造资金来源。老旧小区改造所需投入巨大，资金筹措是最关键的环节和保障。充分发挥政府投入的支撑与引导作用，合理分摊、消化资金压力。要积极引入市场机制，吸引房地产开发企业和社会资金参与改造整治。

（中国城市建设网，2019 年 4 月 12 日）

让"智能+"为加速数字经济开路

3月29日刚刚闭幕的博鳌亚洲论坛2019年年会上,"智能+"、人工智能、"AI+"、大数据等热词再次成为大会的热门议题。

"打造工业互联网平台,拓展'智能+',为制造业转型升级赋能。促进新兴产业加快发展。深化大数据、人工智能等研发应用,培育新一代信息技术、高端装备、生物医药、新能源汽车、新材料等新兴产业集群,壮大数字经济。"3月5日,十三届全国人大二次会议在北京正式举行,政府工作报告首次出现"智能+",并明确指出2019年,要打造工业互联网平台,拓展"智能+",为制造业转型升级赋能。

从政府工作报告新的指示不难看出,"智能+"已经开始接棒"互联网+",成为今后改造传统行业的新动力。这是"智能+"首次写入政府工作报告,却已是人工智能连续三年被写入政府工作报告。

近年来,我国人工智能产业快速发展,向世界人工智能产业引领者迈进,为我国经济高质量发展注入强劲动力。丰富的应用场景与人工智能技术正形成互相促进的"良性循环"。中国新一代人工智能在图像识别、语音翻译、行为分析等方面已经进入了世界前列;在智能机器人、无人商店、机器翻译、共享汽车、自动驾驶、智能旅游等行业的新产品世人瞩目;在城市规划、智能交通、社会治理、卫生健康、农业科技和国家安全等领域的应用各具特色。

人工智能作为新一轮产业变革的核心新动力之一,成为产品制造业高质量发展关键支撑。新一代人工智能技术不断突破和广泛应用，不仅将创造智能化的新需求、新产业、新业态、新应用，而且全面改造经济活动的各个环节，将为我国建设现代化经济体系、实现高质量发展、壮大数字经济提供支撑。

在看到我国人工智能产业长足进步同时，我国人工智能产业已暴露的问题也需引起关注，亟需解决"应用强、基础弱""功能强、防护弱"等问题。

我国的人工智能技术仍处初级阶段，高端人才培养上仍处劣势。人的智能包括识别、理解、推理和判断，人工智能目前只是在某些识别领域具备了人的能力，适合于具体的特定场景，特别是语音识别、图像识别、翻译等方面。相比人而言，它确实处于初级阶段，只能在已知环境、目标明确、行动可预测的环境下使用。

我国人工智能的基础研究还比较薄弱，在基础理论、核心算法以及关键设备高端芯片重大产品与集成，技术材料、元器件、元件等方面与发达国家有较大的差距。因此，企业作为技术的践行者则更加任重而道远。对于新型科技企业而言，站在新一轮技术革命的风口，不仅要依靠自身的技术能力去拓宽垂直应用，同时也必须掌握核心技术，突破尖端技术难题，才能持续不断创新，加速人们走向"智能+"时代的步伐，壮大数字经济发展。

（中国城市建设网，2019年4月5日）

推进生态治理现代化 走绿色永续发展之路

习近平总书记在今年两会上强调，要保持加强生态文明建设的战略定力——"在我国经济由高速增长阶段转向高质量发展阶段过程中，污染防治和环境治理是需要跨越的一道重要关口。我们必须咬紧牙关，爬过这个坡，迈过这道坎。"作为一个发展中大国，我国经济快速发展已保持30多年。但与此同时，我国资源、环境与生态保护也面临重大挑战，在这种态势下迫切需要推进国家生态治理体系和治理能力现代化，为走绿色永续发展道路提供有力保障。

近年来，我国生态环境方面的法律法规日益完善，政府在生态管理包括环境保护、资源合理利用和生物多样性维护方面做了很多工作，但很多地方仍然没有完全走出"边治理边破坏"的粗放发展模式。因此，推进生态治理现代化，明确治理主体，实现各主体协同共治，共同承担生态治理责任显得尤为迫切。

加强生态协调总枢纽建设

生态治理涉及方方面面，必须加强统筹协调。为彻底解决生态环境恶化问题，有效提高生态治理现代化水平，完善国家生态治理领导协调机构，加强国家生态环境治理的顶层设计和总体协调。

这一机构在统筹协调立法与行政执法、政府与民众共治、明确政府各项职责上具有影响力，在国家生态治理现代化中起总枢纽作用。

加强生态治理司法建设

从立法方面看，我国还没有一部专门的生态治理机构组织法来理清和界定生态治理体系中各治理主体的关系，明确国家生态治理机构设置、职能权限、职责分工、利益分配等事项。

环境保护法只是原则性地规定了地方政府对辖区环境质量负责，没有明确规定政府各部门如何履责并进行监管。现行的环境资源法律主要以公民、法人和其他组织为调整对象，很少对政府行为进行规范和约束。

此外，还需加快生态补偿立法，将生态环境资源开发与管理、生态环境建设、资金投入与补偿的方针政策等内容纳入法律规范，为生态保护执法工作提供强有力的司法保障。

加强生态治理协商机制建设

国家生态治理体系要强调生态治理主体多元化，把民众与社会纳入治理主体，发挥社会各方面力量在生态治理中的作用，建立利益相关方协商机制。

鼓励和支持企业履行社会责任并形成相关制度。让企业成为生态治理的重要主体，把企业对生态环境的影响降到最低。

建立全民参与生态治理的监督机制。重视发挥各类行业组织、公益组织、环保非政府组织以及民众的作用。

理顺生态治理分工与权责关系

中央政府与地方政府在国家生态治理体系中应定好位、分好工。理顺中央与地方政府在生态治理中的分工与权责关系，并落实到相关制度中。中央政府要把相关制度政策，如生态影响评估制度、认证制度、补偿制度以及生态审计都建立健全，不能光靠地方政府在微观上与企业博弈。

地方政府应克服重发展轻环保的倾向，政府部门之间既应合理分工也应高效合作。改变机构职能错位、管理范围冲突等体制性障碍，建立有效的生态治理议事协调机构、环境管理联席会议制度、部门联系通报制度、环境违法案件移交制度等。

（中国城市建设网，2019年3月22日）

品味人工智能时代的城市生活

近年来，我国人工智能产业快速发展，向世界人工智能产业引领者迈进，为我国经济高质量发展注入强劲动力。

丰富的应用场景与人工智能技术正形成互相促进的"良性循环"。据统计，截至2017年底，我国人工智能核心产业规模超过180亿元，相关产业规模达到2 200亿元。中国新一代人工智能在图像识别、语音翻译、行为分析等方面已经进入了世界前列；在智能机器人、无人商店、机器翻译、共享汽车、自动驾驶等行业的新产品世人瞩目；在城市规划、智能交通、社会治理、卫生健康、农业科技和国家安全等领域的应用各具特色。

目前，人工智能与精益管理正为制造业赋能。物联网、自动化领域的最佳应用，无一不是在全价值链精益化的基础上进行的数字化、智能化延伸应用。

目前，我国人工智能的创新主要是集中在应用创新上。应用创新的核心就是帮助企业处理海量数据，通过行业专家的训练调优，解决实际问题、产生实际效果。人工智能在企业中的广泛使用可以帮企业管理解决重复劳动自动化的问题、降低管理成本，可以对经营过程中的不确定性和模糊性问题进行智能识别和智能决策。

人工智能作为新一轮产业变革的核心新动力之一，成为产品制造业高质量发展关键支撑。

新一代人工智能技术不断突破和广泛应用，不但创造智能化的新需求、新产业、新业态、新应用，而且全面改造经济活动的各个环节，将为我国建设现代化经济体系、实现高质量发展提供支撑。

在看到我国人工智能产业长足进步的同时，我国人工智能产业已暴露的问题也需引起关注，需解决"应用强、基础弱""功能强、防护弱"等问题。

第二届世界智能大会召开之际发布的《新一代人工智能科技驱动的智能产业发展》报告显示，截至 2017 年 6 月，全球人工智能企业总数达到 2 542 家，中国有 592 家，居世界第二位。中国累计获得 1.57 万项人工智能领域的专利，也居世界第二。报告同时显示，我国 77.7% 的智能企业分布在应用层，基础层和技术层企业占比相对偏低。

人工智能技术在我国目前处于初级阶段，高端人才培养上仍处劣势。人工智能包括识别、理解、推理和判断，人工智能目前只是在某些识别领域具备了人的能力，适合于具体的特定场景，特别是语音识别、图像识别、翻译等方面。相比人而言，它确实处于初级阶段，只能在已知环境、目标明确、行动可预测的条件下使用。

我国人工智能的基础研究还比较薄弱，在基础理论、核心算法以及关键设备高端芯片、重大产品与集成，技术材料、元器件、元件等方面与发达国家有较大的差距。

人工智能时代已登场，我们当以积极的心态抓住机会，乘势而上，拥抱未来。

（中国城市建设网，2019 年 3 月 15 日）

开启城市生活的智能化

亚里士多德有句名言"人们来到城市是为了生活,人们居住在城市是为了生活得更好"。随着城市信息化进程不断推进,我们的城市生活进入了智能化的新时代。

如今,我们的城市发展面临各种问题和挑战,但智能城市的发展给我们带来很好的解决方案。智能城市是对城市发展方向的一种描述,是信息技术、网络技术渗透到城市生活各个方面的具体体现。

智能城市是以智能政府、智能经济、智能社会为基本内容的城市形态。

智能城市是信息经济与知识经济的融合体,信息经济的电脑网络提供了建设智能城市的基础条件,而知识经济的人才主体则将人类智慧变为城市发展的动能。

智能城市为现代城市的可持续发展提供了最优解决方案。智能城市可以在政府行使经济调节、市场监管、社会管理和公共服务等职能的过程中,为其提供决策依据,使其更好地面对挑战,创造一个和谐的生活环境,促进城市的健康发展。

智能城市建设是一个系统工程。在智能城市体系中,城市管理智能化,包括智能交通、智能电力、智能建筑、智能安全等基础设施智能化,也包括智能医疗、智能家庭、智能教育等社会服务智能化和智能企业、智能银行、智能商店的生产经营智能化,从而全面提升城市生产、管理、运行的现代化水平。

智能城市建设是把基于感应器的物联网和现有互联网整合起来，对交通、能源、商业、安全、医疗等公共行业进行实时管理和控制的城市发展类型。

智能城市建设需要信息基础设施支撑，信息基础设施是城市获取信息的基本能力，每个城市必须根据自身特点和发展方向，做整体思考；智能城市建设需要城市基础数据库支撑，一个城市的数字化程度，从源头上取决于城市基础数据库的容量、速度、便捷性、可更新能力和智能化水平，至少包括人口数字、土地、交通、管线、经济管理等内容；智能城市建设需要电子政府和城市信息安全支撑，电子政府能提高政府工作效率，提升施政水平，优化服务功能，它同时也是提高政府透明度和接受公众有效监督的重要工具；智能城市建设需要全方位的电子商务框架支撑，电子商务系统的全方位、多等级和虚拟化建设，将具体体现未来城市发展的活力；智能城市建设需要城市交通系统的智能化支撑，城市智能交通系统是GIS、GPS和遥感等技术的有机结合。

智能城市意味着城市管理和运行体制的一次大变革，为认识物质城市打开了新的视野，并提供了全新的城市规划、建设和管理的调控手段，从而为城市可持续发展和调控管理提供了有力的工具。智能城市还将更好地体现出现代城市"信息集散地"的功能，意味着城市功能全面实现信息化，更好地促进城市人居环境的改善和可持续发展。由此可见，开启城市生活的智能化尤为重要与紧迫。

（中国城市建设网，2019年3月8日）

5G 助力智慧城市建设 未来可期

2月28日，2019年世界移动通信大会在西班牙巴塞罗那落下帷幕。5G（第五代移动通信技术）成为了本届大会出现频率最高的"关键词"。

随着科技的进步，我们的通信技术从电报、电话到手机，从1G到4G，每一步的发展都为社会带来了无尽的便利和福祉。5G的应用，将使联网设备数量迎来史无前例的爆炸性增长，数十亿部智能家居传感器、工业设备以及人工智能计算机将接入互联网。

据联合国2018年报告预测，到2050年，全球68%的人口将生活在城市。因此，智慧城市建设及创新发展至关重要。智慧城市实现5G和云计算等技术联合，可以将车与车、车与路之间的实时信息交互处理，传输彼此的位置、速度、行驶路径，避免交通拥堵，还可以为城市交通规划者提供预测模型。

现今，智慧城市建设的主要内容不单单是基础设施建设，还包括互联设备系统建设，即物联网建设。物联网是指数量众多的物，通过互联网与人实时相连。据估计，到2020年，将有超过500亿的终端和设备联网。随着5G及超高速网络的发展，物联网让交通传感器及无人机技术成为可能。基于此，5G将是像水、空气一样的新型智慧城市生存和运转的必备要素。5G作为建设新型智慧城市的技术利器，以技术进步创新城市应用，丰富智慧城市内涵。

建设智慧城市，可以进一步促进我国信息技术等相关高新技术产业的发展。以互联网技术为依托，进一步推进互联网、物联网、广电网的"三网融合"，从而带动网络基础设施行业发展；以云计算平台技术为支撑，进一步提升政府数据中心能力，培育公共服务平台，建立面向重点行业的信息数据中心，广泛实现数据信息共享，促进数据信息产业发展；以为公众服务的需求为导向，发展与智慧城市相配套的系统应用软件、行业应用软件、集成电路、嵌入式软件以及动漫新媒体等应用软件，促进软件研发行业的发展。

建设智慧城市，对推动我国经济发展模式转型，提升企业自主创新能力，开创优化、节能、环境友好的创新型发展模式具有重要的示范效应。智慧技术、智慧思维的拓展与传播，可以进一步激发整个社会的自主创新能力与热情，从而为技术再创新、集成创新的实现提供了可能。

建设智慧城市，对加速我国产业结构优化升级，促使信息化、工业化深度融合，提升培育具有国际竞争力的战略性新兴产业具有重要的带动作用。建设智慧城市可以促进以智慧产业为龙头的新一代信息产业的发展，进一步增加信息产业在我国产业结构中的比重，推动我国信息产业结构的进一步优化与升级。

建设智慧城市，实现与城市物流、社会治理、商业服务主动脉的无缝衔接，形成城市级的社区服务支撑体系，服务社区，方便于民。

（《城市建设》杂志，2019年3月20日）

推进生态文明建设 构建美丽中国新格局

党的十九大报告把生态文明建设提到了新的高度，首次提出了建设富强民主文明和谐美丽的社会主义现代化强国的目标，把坚持人与自然和谐共生纳入新时代中国特色社会主义十四条基本方略。这是新时代建设美丽中国的"宣言书"，是实现人民对美好生活向往的"动员令"。

环境就是民生，青山就是美丽，蓝天也是幸福。生态文明，一头连着国家的整体发展，一头连着百姓的美好生活。

生态文明建设是关系中华民族永续发展的根本大计，我们要自觉把经济社会发展同生态文明建设统筹起来，加大力度推进生态文明建设、解决生态环境问题，坚决打好污染防治攻坚战，推动我国生态文明建设迈上新台阶。

推动生态文明建设迈上新台阶，不仅是新时代建设美丽中国的重要任务，更是每一个中国人内心的真切渴望。

当前，生态文明建设正处于压力叠加、负重前行的关键期，进入了提供更多优质生态产品以满足人民日益增长的优美生态环境需要的攻坚期，亟待我们牢固树立全国一盘棋的理念，始终坚持"一张蓝图绘到底、一份规划用到底"的精神，砥砺前行、不懈奋斗，生态文明建设才能真正上新台阶、出新成绩。

推动生态文明建设迈上新台阶，必须全面推动绿色发展，从源头抓起，采取扎实举措，形成内生动力机制。重点调整经济结构和能源结构，优化国土空间开发布局，调整产业布局，培育壮大节能环保产业、清洁生产产业、清洁能源产业；推进资源全面节约和循环利用，实现生产系统和生活系统循环链接；倡导简约适度、绿色低碳的生活方式，反对奢侈浪费和不合理消费，大力提高环境治理水平。

推动生态文明建设迈上新台阶，大力提高生态环境治理水平是当务之急和重中之重。要构建政府为主导、企业为主体、社会组织和公众共同参与的环境治理体系，充分运用市场化手段，完善资源环境价格机制；采取多种方式支持政府和社会资本合作项目，加大重大项目科技攻关，对重大生态环境问题开展对策性研究；把生态环境风险纳入常态化管理，系统构建全过程、多层级生态环境风险防范体系。

推动生态文明建设迈上新台阶，必须抓紧落实已出台改革举措，确保落地见效。以解决突出生态环境问题为抓手，深入实施水污染防治行动计划，全面落实土壤污染防治行动计划；持续开展农村人居环境整治行动，打造美丽乡村，推动形成人与自然和谐发展的现代化建设新格局。

推动生态文明建设迈上新台阶，才能让中华大地天更蓝、山更绿、水更清、环境更优美，让美丽中国的愿景早日成为现实。

（中国城市建设网，2019年2月22日）

城市群是经济发展的重要引擎

党的十九大报告指出,以城市群为主体构建大中小城市和小城镇协调发展的城镇格局。城市群是经济发展水平的重要标志,是经济发展的重要引擎。

2014年2月,习近平总书记在北京市考察工作并主持召开座谈会,强调实现京津冀协同发展,是一个重大国家战略。2017年的《政府工作报告》提出,要研究制定粤港澳大湾区城市群发展规划。京津冀、长三角、粤港澳大湾区三大城市群是我国最重要的经济中心,肩负着引领国内高水平城市群建设、打造世界级城市群的双重任务。因此,深入推进这三大城市群建设,具有深远的战略意义。

京津冀城市群。京津冀城市群包括北京、天津以及河北11市,北京、天津是两大核心城市。党的十九大报告指出,要以疏解北京非首都功能为"牛鼻子"推动京津冀协同发展,高起点规划、高标准建设雄安新区。雄安新区是北京非首都功能疏解集中承载地,也是贯彻落实新发展理念的创新发展示范区,有利于优化京津冀城市布局和空间结构、补齐河北发展短板。

长三角城市群。根据《长江三角洲城市群发展规划》,长三角城市群由26个城市组成。从城市定位来看,上海致力于打造国际经济中心、国际金融中心、国际贸易中心、国际航运中心。南京、苏州是全国先进制造业中心。南通成立通州湾江海联动开发示范区,打造江苏沿海新兴区域枢纽港。扬子江城市群为上海提供广阔的经济腹地。杭州是"互联网+"双创中心。宁波是重要的港口城市和制造业基地。合肥已经建成世界级新型显示面板生产基地。

粤港澳大湾区城市群。粤港澳大湾区城市群包括广州、深圳等9市和香港、澳门两个特别行政区。深圳以电子信息产业、生物医药、新能源等高新技术产业为主，是我国首屈一指的创新型城市。广州是华南地区的高端制造业中心和贸易枢纽，汽车制造业、重大装备制造业发展速度较快。香港是国际金融中心，贸易、物流、金融服务业发达。澳门致力于打造葡语系商贸合作服务平台和世界旅游休闲中心。

发展城市群经济，必须建设互联互通的基础设施网络。要建设覆盖交通、能源以及公共服务的网络化基础设施。构建高效便捷的现代综合交通运输体系，打造一体化都市圈。

发展城市群经济，必须建立健全有效合作机制。实现城市群内各城市协同发展，必须促进公共服务深度融合，加快建设区域一体化市场。为此，需要建立健全有效合作机制。

发展城市群经济，必须建设世界级人才集聚高地。人才是最重要的生产要素，是创新的主体，要让人才"引得来""使上劲""留得住"。

（中国城市建设网，2019年2月15日）

多维度推动城市可持续发展

进入21世纪，我国将全面建设小康社会。城市作为先进生产力代表的地域空间，将率先进入小康社会，并实现现代化。因此，进入21世纪城市的发展任务和模式必须适应新的历史时期发展的需要。

目前，我国城市可持续发展存在许多制约因素，突出的矛盾是：水源短缺，生态破坏，环境污染，道路拥堵，交通紧张，地区差异明显……城市本身是一个完整的生态系统，须遵循生态系统的规律，实现城市的可持续发展。

（一）正确的城市发展观念和建设方针是可持续发展的前提

城市要坚持可持续发展，必须使包括住宅建设、住宅模式在内的整个城市建设和城市模式，因地制宜、因人制宜、富有特色，不同的城市需要研究和制定不同的城市可持续发展战略和方针。

（二）经济结构调整是可持续发展的关键

产业结构不仅形成产品结构，而且是能源结构、居民结构、人才结构、用地结构的基础。城市产业结构要合理、优化，产业结构的配置和选择，要尽可能地从依赖物质资源向依赖经济资源、人才资源、知识资源转变。

（三）基础设施建设是可持续发展的物质保证

城市基础设施建设的完善程度、技术水平、质量标准，直接影响城市发展的可持续性，城市建设、环境建设、形象建设要同步和协调。

（四）合理利用土地是可持续发展的基础

土地是城市的依托，合理利用土地是城市可持续发展的重要内容和根本。合理利用城市土地关键是调整和形成土地利用结构，提高土地利用效率，优化功能布局。必须制定科学合理的土地利用规划和城市规划，进行合理的城市设计，进行适度开发。

（五）全面提高城市居民素质是城市可持续发展的核心

可持续发展应以人的全面发展为中心，城市居民是城市的创造者，是城市生产力的体现者，是城市发展的动力。城市居民的构成和素质，是决定城市发展水平和速度的关键，也是可持续发展的关键，居民的优良品质、较高的文化水平、健康的生活方式、良好的生活习惯、正确的消费观念、融洽的社会关系、积极向上的精神、先进的文化修养都有利于城市的可持续发展。人既是城市污染的制造者，又是城市污染的治理者，是城市环境的保护者。

（六）正确的政策取向是可持续发展的社会制度环境

国家对城市发展的一系列政策和城市自己制定的政策，是城市可持续发展的政策和制度保证。例如产业政策、收入分配政策、土地政策、住宅政策、税收政策、社保政策等都涉及城市的可持续发展。创造一个制度环境、政策环境对于城市可持续发展来说十分重要。

（中国城市建设网，2019年2月1日）

让城市建筑成为城市的一道风景

城市建筑作为一种特定的视觉符号,承载着城市文化,展示着城市形象,影响着人们的视觉环境。城市建筑艺术品位的高低,不仅影响着城市的整体品位,也影响着城市的外在魅力。

城市建筑要具有文化性。城市建筑没有文化内涵,就会没有灵魂,也就会没有艺术魅力。城市的规划设计、建筑群的布局等承载和体现着城市各个历史阶段的文化特征。纵观中外高品位的城市,其超越时空的辉煌和令人久久难以忘怀的巨大魅力,不仅在于以城市建筑的秀丽多姿满足了人们感官享受的需要,更在于以博大精深的文化意蕴去启迪熏陶人们的精神世界,引发人们对城市历史的追怀和对未来的遐想。

提升城市建筑文化品位,就要实施城市精品战略,无论是商业建筑、居民住宅,还是办公写字楼,在规划、设计、建设的过程中,要注入文化因素,富有文化创意,浓缩一个时代、一个地区、一个单位的先进文明成果,使之成为先进文化的典型代表,实现"建成一项工程、体现一种文化、凝聚一片人心"。

城市建筑要具有协调性。城市建筑的协调性,就是与所处地段、空间的协调一致。协调才能和谐,才能产生美。相反,如果没有协调,也就会显得不伦不类、怪异扎眼。

我国传统建筑非常讲究与环境的协调,追求建筑与自然的和谐。比如传统的江南民居讲究粉墙黛瓦、灵秀内敛,而北方民居多是青砖灰瓦、高大雄阔，这都构成了建筑与自然的和谐，达到了浑然天成的效果。

城市建筑艺术体现于一座座建筑的单体之美，及其之间的对比之美，还包括由全部建筑构成的整体和谐之美。城市建筑要体现自己的个性、有其灵魂，但每一幢建筑都必须受城市的平面布局、建筑群体环境、街道文化风貌等因素制约，不能以怪取胜，不能千篇一律，不能违反人们正常的感觉规律，要在连续中求变化、变化中求连续，既追求个性、特色与别致，又注重连续、协调与和谐，这样才能形成城市建筑的整体风格。

城市建筑要具有公共性。建筑艺术是一种公共的艺术。一个建筑一旦建成，它就成为一种客观存在。城市建筑艺术公共性的高低，一方面，依赖于设计师们的创新智慧，需要设计师们不断提高文化修养和艺术品位，尊重历史，尊重文化，尊重艺术，不断提高作品的艺术魅力；另一方面，又受规划设计决策民主化的影响，城市规划设计工作应坚持把公众认可不认可、赞美不赞美作为根本标准，吸引公众参与城市建筑设计方案的评论，广纳民意，广集民智，尊重科学，尊重专家，尊重群众，不断提高决策的民主化、科学化，从而使城市规划设计建设工作符合科学发展观要求，不断建造出经得起实践、历史、人民检验的城市建筑。

（《城市建设》杂志，2019年2月20日）

大健康产业名副其实才是科学之举

大健康产业包括养生、健体、缓解疲劳、预防疾病等。人民群众对于更高质量的健康产品与服务的需求，既是我国经济转型升级的强劲动力，也是经济社会发展的重要目标。"大健康"产业做到名副其实，不仅惠及千家万户，也是提高经济发展质量的现实选择。

大健康的产品和服务，横跨一、二、三产业，包括第一产业中的有机农业、中草药种植；第二产业中的健康食品、医药及健康装备器材制造，第三产业的医疗卫生服务、健康管理、健康金融服务等。2012年大健康产业增加值规模为41 742.1亿元，占GDP的比重为7.72%；2016年，大健康产业增加值规模上升到72 590.7亿元，占GDP的比重提高到9.76%，增势逐年加快。预计2020年健康食品市场规模，将超过4 000亿元人民币。

借力"互联网+"等新技术，"大健康"服务模式日趋多样化。近年来，医疗健康物联网、可穿戴设备、人工智能医疗设备、远程医疗服务和健康管理服务等发展迅速。身边不少人的手腕上都戴着智能健康手环，心跳、血压、睡眠状况时时可查，真正做到了对自己身体健康心里有"数"。数据显示，人工智能医疗领域2016年时总体规模已超过96亿元，2018年将达200亿元。

大健康产业带动的就业规模相当可观。据估算，2016年大健康产业就业人数，占全国就业总量的比重提高到15.6%，比2012年提高了6.1

个百分点。在"就业优先"的大背景下，做强大健康产业，也是夯实"民生之本"的重要一环。

让大健康产业名副其实，必须进一步加强协同监管，完善行业标准体系。目前，我国的大健康产业存在推进机制不健全，产业发展协同性不强，发展方式相对粗放，产业要素支撑不足，核心领域与国外差距明显，科技支撑能力亟待增强等。大健康产业的发展与监管，涉及国家发改委、卫生健康委、食药监局、中医药局、工业和信息化部等多个部门。不同部门之间的政策措施和监管标准缺乏有效衔接，相关标准体系滞后，难以规范产业发展，有关部门应当加强协同监管，进一步完善行业标准体系。

让大健康产业名副其实，必须进一步加强顶层设计，加快研究制定健康产业发展行动纲要，明确各部门的任务分工，研究建立发展协同推进机制，相关部门对新业态、新技术、新模式发展的应用和监管加强研判、定期会商。

让大健康产业名副其实，必须突出创新驱动，健全科技创新体系。政府要加大支持力度，有效提升基础前沿、关键共性、社会公益和战略性高科技研究水平，加快在基因组学、人工智能、高端芯片等前沿技术和关键领域取得突破。推动创新成果驶入临床应用"快车道"，构建全链条新业态科技支撑体系。

让大健康产业名副其实，必须加快标准建设，强化行业综合监管。在放宽准入限制的同时，加强和创新事中、事后监管。建立政府监督、行业自律和社会监督结合的治理体制。更多发挥信用联合惩戒、行业准入等措施的作用。培育融合业态，打造"闭环"产业链，推动产业高质量发展。

（中国城市建设网，2019年1月18日）

迈向生态文明新时代 做绿色生活行动者

地球是目前发现的适合人类居住的唯一星球，地球生态环境是人类赖以生存的基本条件。2018年的第47个世界环境日，我国的主题是"美丽中国，我是行动者"，旨在阐释人与自然和谐共生的美好理念，动员引导社会各界人士牢固树立尊重自然、顺应自然、保护自然的观念，自觉践行绿色生活，共同建设美丽中国。

大力发展绿色经济。坚持可持续发展的资源观、生产观和价值观，制定绿色经济发展规划，科学定位，有序推进；大力推进绿色产业发展，重点发展现代服务业，精心培育战略性新兴产业；积极推进绿色生产方式，推广使用节能环保的新材料、新工艺、新技术和新装备，升级改造传统生产方式；推进清洁生产，实行达标排放，率先达到国家清洁示范标准。

倡导绿色生活方式。树立健康文明的生活理念，引导公众节约资源、减少污染，摒弃生活陋习，自觉养成环保、低碳、节能的生活习惯。积极倡导公众重复利用生活用品，逐步形成优先购买、使用节能环保产品的消费模式；引导公众节能减排、低碳出行，提倡步行和乘用公共交通工具，逐步养成绿色健康的出行习惯。

全力建设绿色环境。强化生存发展环境的共建意识、共享意识和共生意识，构建绿色宜居生态区。加强植树造林，丰富植被，提升绿化品位，提高绿化覆盖率，不断加快森林城市建设；加强环境管理，严格监控、认真治理各类污染，实施垃圾分类，减少白色污染，支持废旧物品回收和循环利用，不断提高净化水平；积极推进低碳节能的住宅及公用设施建设，推广使用太阳能、生物质能、中水回收等先进节能技术和产品，提升人居环境品质。

争做绿色文明使者。保护绿水青山是我们每人应尽的职责和义务，我们每个人要从我做起，从小事做起，自觉抵制乱粘乱贴广告、随地吐痰、乱倒垃圾等不文明行为，呵护花草树木，爱护每一块绿地。要切实增强环保意识，及时利用"12369"投诉热线向环保部门投诉污染行为，有效遏制环境违法行为，争做保护环境的忠诚卫士。

环境是民生，青山更美丽，蓝天伴幸福。倡导低碳生活，建设绿色家园，是人民的迫切愿望，也是城市发展的正确方向。让我们积极行动起来，像保护眼睛一样保护生态环境，像对待生命一样对待生态环境，将绿色低碳、文明健康的生活方式融入衣、食、住、行、游的各个环节，带头做传播生态文明的宣传员，保护自然生态的实践者，建设美丽中国的推动者！

（《城市建设》杂志，2019年1月20日）

规范特色小镇建设要科学严谨

目前，全国有国家级特色小镇试点400多个，加上各地方创建的省级特色小镇，数量超过2 000个。各地一些旅游、文化、体育等不同主题的小镇开始崛起，涌现出一批产业特色鲜明、要素集聚、宜居宜业、富有活力的特色小镇，对县域经济发展起到促进作用。

但同时，一些地区也存在滥用概念、名不副实、盲目发展、质量不高、房地产化等不良倾向。有些地方错误地把行政建制镇、产业园区、旅游景区、房地产项目等冠名为特色小镇，混淆了特色小镇的概念，违背了特色小镇建设的初衷。一些小镇缺乏产业支撑，不具备可持续发展的条件，造成资源浪费。而且，在特色小镇建设过程中，出现了政府大包大揽的情况，政府与市场边界模糊，市场机制被扭曲。

为了使特色小镇名副其实、健康发展，各地应深刻认识特色小镇建设的重要意义，将其作为深入推进供给侧结构性改革的重要平台，以及推进经济转型升级和新型城镇化建设的重要抓手，切实抓好组织实施。

为了使特色小镇名副其实、健康发展，各地应当梳理整合相关政策，完善特色小镇高质量建设长效机制。既要淘汰不实小镇和问题小镇，又要对模式先进、成效显著的特色小镇加大支持力度，发挥引领带动作用，引导各地区遵循规律、控制数量、提高质量，为特色小镇建设营造良好的发展环境。

为了使特色小镇名副其实、健康发展，各地要准确理解特色小镇内涵特质，立足产业"特而强"、功能"聚而合"、形态"小而美"、机制"新而活"，推动创新性供给与个性化需求有效对接，打造创新创业发展平台和新型城镇化有效载体。

为了使特色小镇名副其实、健康发展，各地应坚持规划引领，突出地域、文化等特征，并与产业实现深度融合。同时，要厘清政府与市场的关系，切忌大包大揽，不定数量指标，不搞区域平衡。产业选择、建设运营、资金筹措等要主要依靠市场方式来解决。并且，要建立监督和评估机制，实现有进有出。

为了使特色小镇名副其实、健康发展，各地区在推进特色小镇建设过程中，要立足区位条件、资源禀赋、产业积淀和地域特征，以特色产业为核心，兼顾特色文化、特色功能和特色建筑，找准特色、凸显特色、放大特色，防止内容重复、形态雷同、特色不鲜明和同质化竞争。聚焦高端产业和产业高端方向，着力发展优势主导特色产业，延伸产业链、提升价值链、创新供应链，吸引人才、技术、资金等高端要素集聚。

（中国城市建设网，2019年1月4日）

第二章

二〇一八年十二月至二〇一八年一月

重城市人文之蕴 扬城市品牌之韵

城市品牌是一个城市综合实力的展现。在市场经济时代，城市品牌就是城市的传播力、生产力、竞争力和发展力，城市创新发展离不开城市品牌的支撑。美国著名学者凯文·莱恩认为："像产品和人一样，地理位置或空间区域等也可以成为品牌，即城市可以被品牌化。"

城市品牌是城市所包含的理念、价值观、愿景、精神、情感等；城市文化品牌是一座城市的金字招牌，承载着城市的精神品格和理想追求，担当着为城市塑形铸魂的责任，体现着城市的吸引力、创造力、竞争力。

城市文化是城市品牌的重要组成部分，最能体现城市的特征，是最能表现城市文化特点的特殊载体。它不但包括一个城市的历史文化传统、建筑设施外貌和社会文化活动等特性，还包括文化产品、文化氛围等。好的城市品牌要注重发掘城市文化最动人、最显性的部分，包括城市某方面的突出业绩，进行宣传扩大影响。美国洛杉矶以好莱坞、篮球和知名大学构成了城市品牌和城市的独特性；奥地利维也纳以金色大厅、新年音乐会、夏天露天音乐会以及美泉宫、圣斯蒂芬大教堂等，形成了独特的城市品牌魅力。

打造城市文化品牌，就要规划城市文化。首要任务是认真考察、分析、研究城市文化发展，包括城市的历史、传统、地域、自然、经济、文化资源、文化产业状况等，清楚城市文化发展的优势与劣势，从而制订城市文化发展战略及相应的发展战略规划。

打造城市文化品牌,就要积淀城市文化,扬城市品牌之韵。城市文化积淀非一朝一夕,既要注重对城市物质文化遗产的保护,也要重视对非物质文化遗产的保护;既要注重对历史文化的挖掘整理,也要在新的时代背景下,注重新的文化元素注入。应该立足本土特色文化,大力发展本地文化产业,延伸文化品牌链条,通过构筑特色文化品牌和特色文化产业优质发展的良性互动格局,实现城市文化品牌打造和文化产业优质发展的双效。

打造城市文化品牌,就要传播城市文化,固城市品牌之根。城市文化品牌建设的目的是通过信息化的传播手段促进城市经营,因此城市文化品牌的传播也是城市文化品牌化发展的重要一步。城市文化品牌形象持续提升,需要创新传播的内容和传播的方式,改变千篇一律的风光文化展示,凸显出城市中的每一处空间构形、每一座建筑,体现出文化的内涵,提高城市文化品牌传播的有效性。

在城市品牌建设中,我们只有精心保护历史文化遗存,深刻挖掘城市文化内涵,自觉传承城市文化记忆,真正用文化为城市品牌立魂,城市才能真正宜居、宜业、富有特色。

(中国城市建设网,2018年12月28日)

改革开放 40 年改善亿万人民生活

治国有常，利民为本。从 1978 年到 2017 年，全国城镇人均可支配收入由 343 元增加到 36 396 元，农村居民人均纯收入由 134 元增加到 13 432 元；中国农村贫困人口减少 7.4 亿人，年均减贫人口规模接近 1 900 万人；基本医疗保险、社会养老保险从无到有，分别覆盖 13.5 亿人、9 亿多人；从相对落后的教育水平到跃居世界中上行列，城乡免费义务教育全面实现，高中阶段、高等教育毛入学率分别达 88.3%、45.7%……

改革开放 40 年，是民生大发展、人民得幸福的 40 年，是我国城市崛起波澜壮阔的 40 年。改革开放 40 年中最眩目的是城市化，我国城市人口目前已超过了 8 亿人。

在改革开放 40 年中，中国城镇数量随着改革浪潮快速增长，城市群快速形成，城市人口快速聚集，城乡人口结构急剧变化，城市经济和产业结构升级发展，城市的社会治理体系日趋迈向现代化。

万亿 GDP 城市涌现

改革开放极大地解放和发展了我国的社会生产力，我国城市的发展也在改革开放中突飞猛进。2017 年国内生产总值(GDP)超过万亿的城市已有 14 个。在这些"万亿"城市中，北京、上海、广州、深圳的生产总值均超 2 万亿。

从"农村社会"迈入"城市社会"

城市的快速发展极大地改变了我国的城乡面貌和社会结构。我国城镇化率从改革开放初期的 20% 左右上升到 2017 年的 58.52%，社会结构发生了变化，从"农村社会"进入了"城市社会"，现在是 8 亿人口在城市，6 亿人口在农村。城市发展形态也进一步发生变化，分工协作的都市圈和城市群逐步形成。现在省会城市基本上都是千亿 GDP 城市。

城市发展改善亿万人民生活

改革开放 40 年，国内生产总值和财政收入方面，城镇占全国的比例分别约从 30% 跃升到 80%、从 20% 跃升到 80%。城市经济高增长，增长率平均达到 9.5%。城市经济结构实现了持续的升级和转型。

城乡基础设施网络深刻改变了国土空间。我国依次经历公路时代、铁路时代、高速公路时代、高速铁路时代，交通基础设施不断完善，极大压缩了"国土空间"，深刻改变了人们的时空观念。以公路计算，每百平方公里公路里程，1978 年为 9 公里，2018 年预计超过 50 公里。航空方面，1988 年全国民用机场数量为 143 个，截至目前，全国民用机场总数已多达 229 个。2018 年交通、电信、互联网、物联网通信信息基础设施与水电煤气的公用基础设施，在城市之间以及城乡之间初步形成多个网络化和一体化的体系。城市的崛起还带动了微观主体经济和社会治理逐步迈向现代化。

党的十九大报告提出，以城市群为主体构建大中小城市和小城镇协调发展的城镇格局。可以预见，未来中国城市布局将是由数万个中小城镇、数千个中小城市、数百个大城市组成，数百个都市区（圈）、数十个城市群、数个都市连绵带，组成一张城市大网络。我国将很快进入智能城市国家，这是践行五大发展理念的必然结果。随着城镇化深度发展，我国城市将出现全球科技、经济、文化等最强大的城市群、都市圈和城市，将出现全球最具个性或者最多样化的大都市和小城镇。

（中国城市建设网，2018 年 12 月 21 日）

新能源 新生活 新城市

正在波兰南部城市卡托维兹举行的第24次《联合国气候变化框架公约》(UNFCCC)缔约方大会步入尾声。刚刚过去的12月12日是《巴黎协定》通过三周年纪念日。这份协议是世界各国首次就应对气候变化达成一致。而三年后正在卡托维茨举行的第24届联合国气候变化大会的任务，就是将这份里程碑性的协议落实。

中国气候变化事务特别代表解振华表示："减排很重要的一个手段是节约能源，提高能源的利用效率，中国最近这20年，甚至25年，中国的累积节能量占了全球的50%以上，这是世界银行公布的数据。"

近年来，中国在应对气候变化领域所取得的突出的成就：煤炭占一次能源的比重由2005年的72%下降到2017年的60%，预计到2020年降至58%，到2030年降至45%；2017年新增可再生能源装机占全球新增总量的40%；55%的新增能源消费量由新增清洁能源提供，每年可替代电煤7.5亿吨；森林蓄积量增加了21亿立方米，超额完成2020年目标。

日前，在我国可以形成产业的新能源主要包括水能（主要指小型水电站）、风能、生物质能、太阳能、地热能等，是可循环利用的清洁能源。新能源产业的发展既是整个能源供应系统的有效补充手段，也是环境治理和生态保护的重要措施，是满足人类社会可持续发展需要的最终能源选择。

面对严峻的能源和环境问题，世界各国均把开发利用可再生能源作为保障能源安全、应对气候变化、实现可持续发展的共同出路。风能、太阳能、生物质能、水电、地热能等可再生能源发展迅速。据国际能源署预测，到2035年，可再生能源占一次能源消费比重将从2011年的13%提升到18%；届时，世界发电增量的二分之一将是由可再生能源提供的。

当前，世界上超过半数的人口聚居于建成面积只占陆地总面积2%的城市之中。预计到2050年，全球城镇化水平将提升到70%—80%。联合国人居署2008年预测，从2000到2030年，全球城市人口增长一倍，而城市建成区面积将增加3倍，发展中国家和新兴国家城市扩张尤其严重。

城市的无序扩张和割裂带来严重的气候、经济和社会后果，导致低下的土地利用率，高昂的基础设施成本，严重的社会隔离和不平等，高能源和资源消耗以及气候变化。当前的城市发展模式必须由粗放和无序扩张为特点的数量型向提升效率和精明增长的质量型转变。

新能源和循环经济在世界许多国家的实践证明可以有效减少能耗和排放。在城市发展中要紧紧抓住低碳发展的主轴，配以生态的要求，推动技术发展和建立低碳经济，创建人与自然和谐的可持续发展新城市。

不少国际组织和专家将节能称为"世界第五大能源"，与煤炭、石油、天然气和核能等能源并列。只有切实落实节能优先的方针，在实施能源消费总量和强度双控制的基础上，下大力气提高能源效率，着力提高能源转换效率、使用效率和产品节能效率，构建节能型生产和消费体系，才能促进经济发展方式和生活消费模式转变，加快构建节能型国家和节约型宜居城市。

我国近十几年来，通过采取多方相应措施，进一步加大新能源生产和循环经济的推广力度，在推进城镇化过程中通过压缩能耗和排放增幅的有效手段，使新能源产业发展十分迅速。

开发利用新能源，创造新生活，建设新型城市，让我们与世界各国一起为实现2030年可持续发展目标而努力。

（中国城市建设网，2018年12月14日）

"一带一路"谱写新篇章

"一带一路"倡议提出5年来，在拉动沿线相关国家经济发展、促进文化繁荣、构建人类命运共同体等多方面取得了令世人瞩目的成就。世界和平与发展是时代主旋律，"一带一路"建设落地生根，打造了相互尊重、公平正义、合作共赢的新型国际关系。

8月27日，习近平主席在推进"一带一路"建设工作5周年座谈会上强调："共建'一带一路'之所以得到广泛支持，反映了各国特别是广大发展中国家对促和平、谋发展的愿望。共建'一带一路'是经济合作倡议，不是搞地缘政治联盟或军事同盟；是开放包容进程，不是要关起门来搞小圈子或者'中国俱乐部'；是不以意识形态划界，不搞零和游戏，只要各国有意愿，我们都欢迎。"

可见"一带一路"建设致力于把世界的机遇转变为中国的机遇，把中国的机遇转变为世界的机遇，相关国家拥有平等的参与者、贡献者和受益者的身份，在共同推进和平合作方面凝聚高度共识。

"一带一路"倡议提出5年来，从政策沟通、设施联通、贸易畅通、资金融通、民心相通五个方面推动国际贸易的开展，对相关国家增进互信起到积极作用。设施联通是"一带一路"建设的核心内容和优先领域。

5年来，"一带一路"建设作为一个经济合作新框架，推进了相关国家与地区的经贸往来。到今年8月，已有103个国家和国际组织同中国签署118份"一带一路"方面的合作协议，签署范围自亚欧大陆拓展至非洲、拉美和加勒比地区、南太平洋地区；中国与沿线国家已建设80多个境外经贸合作区，与"一带一路"沿线11个国家和地区签署并实施了自由贸易协定。这些文件与协定的签署，标志着经济全球化由市场与各国政府共同推动的方向迈出了重要一步。

5年来，高效畅通的国际大通道加快建设。中老铁路、中泰铁路、匈塞铁路建设稳步推进，雅万高铁全面开工建设。汉班托塔港二期工程竣工，科伦坡港口城项目施工进度过半，比雷埃夫斯港建成重要中转枢纽。中缅原油管道投用，实现了原油通过管道从印度洋进入我国。中俄原油管道复线正式投入使用，中俄东线天然气管道建设按计划推进。中欧班列累计开行数量突破1万列，到达欧洲15个国家43个城市。这些互联互通项目的开展对促进经贸关系发展的巨大作用，将随着时间的推移日益得到展现。

5年来，中国与沿线国家在文化、艺术、旅游等领域的项目对接与合作不断增多，打造许多以"一带一路"为主题的国际合作项目和交流机制。根据2017年年底的统计数据，中国目前已与157个国家签署了文化合作协定，累计签署文化交流执行计划近800个。从文化年、电影节、艺术节、发展论坛到艺术展、电视周、图书展、研讨会、智库对话，"一带一路"文化交流合作通过诸多途径与方式获得深化，"一带一路"沿线国家与地区文化产业发展呈现蓬勃发展新气象。

（中国城市建设网，2018年12月7日）

激发城市发展活力 赢取城市美好生活

当前我国经济已由高速增长阶段转向高质量发展阶段，城市作为人类生存的重要空间载体和推动社会进步的"分布式引擎"，应以自身的高品质建设来支撑经济的高质量发展，激发新的发展活力，发掘新的发展动能，赢取城市美好生活。

优化产业结构　变革发展动力

产业是一座城市发展的支撑，无论是工业、制造业，还是商贸、旅游等现代服务业，多元化的产业体系构成了一座城市的活力之源和命脉之基，尤其是一定规模的工业企业，是一座城市经济发展的基础。

近几年来，我国工业增加值占GDP的比重逐年下降，但仍占据较高比例。2017年，全国工业增加值占GDP比重为33.9%，可以说，工业依然承担着汇聚各种生产要素、汇集各类人才精英、促进城市发展繁荣的重要作用。

但是，我们不能不看到工业化在创造巨大财富的同时，也造成了资源枯竭和生态环境破坏。数据显示，在我国总能耗中，工业能耗的占比最高，达68%。也就是说，GDP的增加，很大程度是依靠资源能源的消耗换来的。因此，工业肩负着调整优化产业结构和防治污染、保护环境两方面的重任。

目前，当务之急是坚决淘汰落后产能，加快企业特别是重化工企业的技术改造；积极培育、大力发展新兴产业，严把新建项目入口关；推行能源革命，把住源头，减少资源环境负载。

经济高质量发展必然集中体现在城市的高质量发展，其中更要重视绿色和创新，提倡节能、低碳、文明、健康的生活方式和消费模式。

可见，城市实现高质量发展，离不开发展动力的变革。而发展动力的变革首先要从绿色发展与创新驱动入手。绿色发展既是保护生态环境，推动经济社会环境协调发展，实现人与自然、人与社会和谐，形成生态文明文化的价值取向，同时也是以科技创新、集约资源、保护环境为特征的产业结构和生产方式的创新。

依托自身优势　用好新兴技术

大数据、物联网、云计算、移动互联网等技术的出现，为城市高质量发展，特别是绿色、智慧融合发展提供了基础。数字生态是数字经济的最小生产单元，通过打造数据生态圈，开放共享各种数据，可为城市汇聚财富，创造就业，发展产业。

现在我国已可以通过大数据的方式，统计人口及人口变动、迁入迁出等情况，展示一座城市的运行，并且还可以将经济的微观数据、宏观数据融合打通，提供综合分析的决策平台。

任何技术、产品、科技一定要应用于城市的管理、产业的转型、城市的服务才能真正地产生价值。每个地区或城市都有各自不同的特点和优势，城市应依托自身的优势资源，走契合自身的高质量发展之路。

城市是一个非常复杂的系统，应鼓励不同地区或不同城市根据自己不同的条件，在各自的基础上发展。

（中国城市建设网，2018年11月23日）

让"智慧城市"名副其实

随着全球城市化进程的推进,世界各地的城市规模不断扩大。在一系列推动城市健康有序发展的构想中,"智慧城市"建设势在必行。

2030年,全球将有51亿人口居住在城市,中等以上的城市人口将会达到全球人口的55%,全球千万人口以上的大型城市将会达到几十个。从全球趋势来看,城市的经济发展水平越高,人口越多,贫富差距越大,造成的社会矛盾为城市发展带来不稳定因素越严重。因此,"智慧城市"建设,逐渐提到议事日程。

"智慧城市"即能够充分运用信息和通信技术手段感测、分析、整合城市运行核心系统的各项关键信息,从而对包括民生、环保、公共安全、城市服务、工商业活动在内的各种需求做出智能响应,为市民创造更美好的城市生活。

我国现在处于利用数字化契机大踏步实现高水平城镇化的过程中,需求端、消费端的巨大人口优势带动数字化设备快速普及,这将帮助我们走完西方发达国家两三百年才走完的城市化道路,并实现城市的高度数字化、智能化。

"智慧城市"的核心问题是对信息技术的运用。通过运用信息化技术,对"智慧城市"的运行状况实现预测和感知。让生活在"智慧城市"中的居民,享受到极其便利的生活服务体验,城市管理部门也将更方便、高效地行使管理职能。

新加坡实施"智慧国"建设战略，将其政府职能、城市管理、社会服务、企业经济融为一体，通过应用信息化、数字化、物联化、智能化、集成化科技，对城市与社会服务资源进行全面整合和充分利用。

"智慧城市"的技术应用必须包括以下几方面：

1．政府通过部署安全管理平台为市民提供高效的公共服务；

2．通过建立超高速、广覆盖、智能化、安全可靠的信息基础设施，实现城市的公共安全管理和智能交通管理；

3．高效率地为市民提供医疗、教育及社区生活服务；

4．将移动支付、智能物流等新技术引入商业领域，借助智能身份识别技术为经商者免去烦琐注册手续，通过移动支付来促进旅游和零售业的发展。

近年来，一些新型技术企业也瞄准"智慧城市"建设的巨大市场，通过研发和运用新技术，不断推出各种产品方案参与"智慧城市"建设。

在"智慧城市"建设过程中，技术的应用只是其中一部分影响因素，城市基础设施、设备、人才等因素等都对"智慧城市"建设的最终效果至关重要。此外，从全球来看，"智慧城市"建设禁忌信息孤岛现象，政府各个部门数据打通情况要畅通，数据互联互通效果好，这些都需要高层面的统筹与规划。

城市是复杂的组织结合体，"智慧城市"建设，必须稳扎稳打，让"智慧城市"名副其实。

（《城市建设》杂志，2018年12月20日）

珍惜城市古建筑 留下一抹"乡愁"

城市和人一样都是充满了活力的有机体,每个城市绝不可能百年、千年不变,城市更新作为城市自我调节机制是客观存在的。

我们的先人在城市正常发展的同时,非常注意保护好最有价值的建筑,使众多优秀的历史文化遗产和城市特色得以留存,传承了城市历史文脉。

古建筑是激发爱国热情和民族自信心的实物。在人类世界的地球村里,每个民族都在属于自己的领地上进行辛勤的劳动,创造自己的物质文明。由于生活环境、生活方式和语言文字、宗教信仰等不同,形成了许多不同的民族文化。各个不同的民族文化又都是组成世界文化体的一部分。每个国家都珍惜自己的民族文化。

我国许多工程宏大、艺术精湛的古建筑,都是过去劳动人民多少年来血汗和智慧的结晶,它们反映了古代劳动人民的杰出创造水平,象征着中华民族的优良传统。例如著名的万里长城和大运河就是世界上伟大的古代工程,它们早已作为人类的奇迹载入世界文明史册;北京故宫是世界上现存规模最大、建筑精美的宫殿,在规划布局、艺术装饰、土木结构各方面都是世界上独一无二的;河北赵县隋代赵州桥,远远走在当时世界桥梁科学的前列;山西应县辽代佛宫寺木塔,是世界现存最高的木构建筑,是木构建筑技术史上的高峰……这些古代建筑都充分说明了我国人民创造人间奇迹的才能。

古建筑是研究历史科学的实物例证。古代建筑和其他物质文化遗存一样，它本身的发展常常反映了生产力发展的水平。中国现存的古建筑本身就是一部实物建筑史，对于研究我国历代建筑的布局、艺术造型、民族风格和建筑结构、材料、施工以及有关的科学技术等都是生动可靠的资料。

古建筑是新建筑设计和新艺术创作的重要借鉴。几千年来，无数建筑工匠在建筑布局、建筑材料、建筑施工、建筑艺术装饰、建筑风格等各方面进行大量发明创造，积累了丰富的经验。这些今天仍然是我们应当继承的一份宝贵财富。

保护维修好古建筑是为发展旅游事业创造必不可少的物质条件。而开展旅游事业，又必将促进古建筑、园林的维修保护工作。古建筑、历史文化街区，经历了千百年的荣枯盛衰，其历史的记忆全部沉淀在这一砖一瓦和一石一木之间，它是悠久历史的精灵，更是逝去岁月的留痕。从看似残破的街区上，不仅能找到城市精神的延伸，还能从独特的风景中，品味出城市昨日的诗情和灵性。

让我们共同努力，保护好城市古建筑！

（中国城市建设网，2018年11月9日）

让历史记忆点亮城市建设

20世纪80年代初，英国皇家建筑学会主席在中国考察之后对城市规划界说："现在全世界的城市建设都面临一个共同的危险，我们的城镇正趋向同一种模样，这是很遗憾的。希望中国的城市建设能够尊重中国文化，尊重城市原有的特色。中国历史文化的传统太珍贵了，不能允许它们被那些虚假、肤浅的标准概念的洪水淹没。我确信你们将会遭遇这种危险，你们要用全部智慧、决策和洞察力去抵抗。"

20多年后，这个意味深长的警告不幸言中。目前，我国各地正在进行大规模的城市建设。在一些城市的"旧城改造""危旧房改造"过程中，往往实施过度的商业化运作，大拆大建，许多积淀了深厚人文信息的历史街区不复存在，一些名人故居或传统民居被无情摧毁，朱门绿廊、青砖碧瓦、雕梁画栋很多成为过去。如曾是明代抗倭前线、清代鸦片战争主战场、宁波商帮发祥地的定海古城在"旧城改造"的名义下被夷为平地；襄樊古城的千年城墙一夜之间被摧毁；作为北京民居灵魂的四合院也在减少……盲目的建设和施工造成城市文化空间被破坏、历史文脉被割裂，最终导致城市记忆的破碎和消失。

2018年10月24日，习近平主席在广州考察时指出，城市规划和建设要高度重视历史文化保护，不急功近利，不大拆大建。要突出地方特色，注重人居环境改善，更多采用微改造这种"绣花"功夫，注重文明传承、文化延续，让城市留下记忆，让人们记住乡愁。

城市是复杂的，城市记忆是在城市发展的历史长河中一点一滴地积累起来的，包括地理环境、文化景观、历史街区、文物古迹、民居样式、社会习俗等，众多物质的和非物质的文化遗产，都是城市文化的积淀，都是形成一座城市记忆的有力物证和精神纽带，也是一座城市文化价值的重要体现。

城市不仅仅是单体建筑的简单集合，不仅仅是高楼大厦、立交桥、高架桥，更是一个民族生存发展的记忆载体。城市在形成、扩张和延续过程中，会留下一些被人们有意或无意间留存的历史遗迹，留下所代表时代的文化印痕和"历史年轮"。一座城市各个历史时期的文化遗存就像一部部史书、一卷卷档案、一幅幅图画，记录着一个城市的沧桑岁月、变化历程。

城市和人一样也有记忆，每个时代都在城市建设中留下了自己的岁月的痕迹。保存城市的记忆，保护历史的延续性，保留人类文明发展的脉络，是人类现代文明发展的需要。

亡羊补牢，犹未为晚。我国城市发展历程行进到今天，已经进入需要我们反思的阶段，追溯城市的历史记忆、留下城市的鲜活记忆是我们的当务之急。

（中国城市建设网，2018年11月2日）

让老城区变成新"古董"
——探索城市改造新模式

旧城改造是一种将城市中已经不适应现代化城市社会生活的地区作必要的、有计划的改建的活动。这是城市发展的自我调节机制。

随着我国城镇化发展进程加快,在规划建设用地规模趋紧及以土地利用方式转变倒逼城市发展转型的要求下,城市的建设模式已经发生改变。曾经的大拆大建,使很多老城区及老建筑不复存在。城市更新则是以重新认知城市存量为起点,探索城市未来基因,构建跨越过去、现在、未来的可持续性发展框架的必经之路。

当前,城市开发不再是"圈地""扩张",而是在已有的城区上进行更新改造。未来5至10年乃至更长一段时期,中国城镇化将进入以提升质量为主的新阶段。如何逐步转变城市发展方式、注重城市内涵发展及如何提升城市"品味"和"气质",成为重要议题。

城市更新并非"拆旧建新",而是城市功能的提升。在城市发展过程中,原有市政公用设施和公共服务设施不足,原有土地用途、建筑功能与空间布局不能满足社会经济发展的新需求,就需要通过修缮、改造、整治和置换等办法,改善、提升并拓展其功能,焕发城市新的生命力。

城市更新,目的是对城市中某一衰落的区域进行拆迁、改造、投资和建设,以全新的城市功能替换功能性衰败的物质空间,使之重新发展和繁荣。

城市更新,应当在"自上而下"与"自下而上"两方面兼顾统筹发展的"品味"和"气质"。"自上而下"是指城市更新从整个城市发展的宏观视角出发，重点关注形象维度和经济维度，在物质环境层面通过"场所营造"，塑造城市自身的地标性项目；通过功能的更新置换，促进地区整体的转型升级，从而带动经济、产业的提升和更新。"自下而上"是指城市更新从城市的文化本底以及居民生活的视角出发，重点关注社会维度和文化维度，关注城市旧区中栖息的社会弱势群体，同时对涉及拆迁安置居民给予合理的补贴及关怀，体现包容性发展的理念；要重视物质环境衰败下留存的深厚文化底蕴，保存文化脉络，使之成为城市二次发展的独特资源。

随着中国城市尤其是一线城市的快速发展，城市的承载力不断受到挑战，扩大城市规模的需求前所未有，环境治理的压力日趋严峻。在这种形势之下，城市更新能够最大化利用现有资源，提升城市的"品味"和"气质"。

未来，城市更新应重点放在节约集约用地、完善公共配套、改善生活环境、优化城市结构、弘扬城市文化和创新管理机制等方面。地方政府要树立推进持续增长的运营思路，房地产开发企业、投融资机构、商业运营及规划设计等机构，要从存量开发中获得新的增长点和投资回报。

（中国城市建设网，2018年10月26日）

"小城市病"来了,该怎么办?

在快速城镇化的背景下,随着大城市对人才、资源的集聚效应不断增强,介于农村与大城市过渡地带的小城市,正在经历"小城市病"的困扰。

小城市面临的问题,既有大城市的通病——人口集中、交通拥堵;也有小城市的特点——文化生活贫乏、产业空心化等。

我国整体上还处于一个小城市占绝对多数的城镇化分布形态,总共有1 800多个城市属于小城市,小城市在新型城镇化进程中的发展质量高低,是决定我国城镇化发展顺利与否的大问题。

"小城市病"主要指城区常住人口少于50万规模的城市出现的人口流失、经济增长乏力、资源枯竭、就业艰难、文化荒芜、发展动力欠缺等问题。

我国较高层次的文化资源,几乎全部分布在以北京、上海、广州等大都市为主的中心城市。即使在沿海发达地区的小城市,其城市公共文化场所与高层次文化场所资源也都普遍缺乏。在绝大多数的小城市,诸如美术馆、博物馆、画廊这些象征文化品位的时尚文化空间几近绝迹。90%以上的小城市没有自己本市的美术馆建筑和两所以上的免费博物馆,画廊更是少见。

小城市经济增长乏力,主要表现在产业发展落后、产业结构单一,导致经济活力日趋弱化。因此,大量小城市都存在就业门类少,就业机会紧张，静态失业率较高，人口外流明显的现象，一半以上的人口依托少数几个企业或行业就业。

医治"小城市病"，关键是要促进小城市治理体系和治理能力现代化。

一是城市发展渠道要从招商引资转变为招才引智，增加人才资源可以是治疗"小城市病"的一种方式。

二是城市发展方式从扩大增量转变为优化存量。优化存量可以是化解"小城市病"的一个突破口。

三是建设和谐宜居、富有活力、各具特色的现代化小城市。特色将是未来每一个小城市安身立命的基础，没有特色就没有竞争力。而特色需要从城市既有的存量上去挖掘，去找到城市有竞争力的一面。注重城市的卫生环境、市容市貌建设，展现城市的良好形象，从既有的基础上提炼和培育城市文化。

四是城市发展取向从搬迁移植转变为交流合作。以往小城市招商引资都是希望把大城市的项目和资源直接移植到本地，这样可以快速增加GDP，但许多并不成功，归根到底还是小城市的"土壤"不适合。采取交流合作的方式对接城市产学研的高端资源，不强求生产中心、研发中心、人才基地落户，而更加看重交流合作带来的带动效应，既能减少搬迁移植的风险，也能为小城市带来更多本地化的内生动力。

五是国家应当考虑出台政策，鼓励小城市本地资源的优化升级。路径是嫁接外部资源，是以小城市为主对外合作，通过互利双赢的合作带来小城市产业、人文环境的量变，继而寻求发展上的质变。这是小城市必须正视的一条发展道路。

（中国城市建设网，2018年10月19日）

40年改革开放创造中国城市发展奇迹

2018年是我国改革开放四十周年。这40年,我国经济、社会实现了快速发展,也创造了城市发展的奇迹。站在新的起点上,喜看我国新型城镇化的奋斗历程,令人心情激动不已。

城市经济繁荣发展的40年

回头望去,在城镇化进程中,城镇化率由1978年的17.9%提高到2017年的58.5%;城镇常住人口达到8.1亿人;城市数量由193个增加到657个。城市发展在推动经济建设、社会进步等方面起到了重要作用。

我国城市发展也深刻地影响了世界,占世界人口近1/5的中国迈入城市社会,显著提升了人类发展水平和整体素质。一个13亿多人口的大国用几十年时间完成了西方国家200年才完成的工业化、城镇化进程,为人类文明进步贡献了中国思想、中国智慧和中国方案。

建设城市更加美好的明天

古希腊哲学家亚里士多德曾经说过,"人们来到城市是为了生活,人们居住在城市是为了生活得更好。"回溯40年来波澜壮阔的光辉历程,展望和憧憬我国城市发展的美好明天,总结和探索我国城镇化和城市发展的经验与规律,探讨和研究应对我国城市发展面临的问题与挑战,意义重大,影响深远。

改革开放40年的实践经验告诉我们,创新是城市的活力所在,科技是城市的动力之源。当前,我国经济已由高速增长阶段转向高质量发展阶段，面向新时代，未来城市的发展需要从多领域、多学科的协同研究做起。

要加强服务于美丽中国和健康中国建设目标的城镇化战略和科技政策研究，突出以绿色城镇化为导向的城市环境治理、生态建设、资源利用、产业技术创新等方面的科技支撑研究。

要加强以服务智慧城市建设为目标的创新型科技与工程技术研究，以及加强以人为本城市管理的自然科学与社会科学的融通研究。

加快推进城镇化进程

实践表明，只有改革开放，城市发展才有今天的辉煌成就；只有改革开放，才能应对当前城市发展面临的各种挑战；也只有改革开放，城市发展才会有更加辉煌的明天。

我国特色社会主义进入新时代，经济由高速增长阶段转向高质量发展阶段，城市发展作为经济发展的重要组成部分，也进入高质量发展阶段。我们要以庆祝改革开放 40 年为契机，牢牢把握城镇化蕴含的重大机遇，准确研判城市化发展的新特点、新规律，妥善应对城镇化面临的风险挑战。

展望明天，我国城市工作一定要坚持创新、协调、绿色、开放、共享的发展理念，转变城市发展方式，完善城市治理体系，提高城市治理能力，着力解决城市发展中的突出矛盾和问题，不断提升城市环境质量，满足人民日益增长的美好生活需要，走出一条中国特色的城市发展道路。

（中国城市建设网，2018 年 10 月 12 日）

智慧城市建设需增加市民的参与度

追求内涵不断丰富、理念不断提升的智慧城市升级版，是新型城镇化下智慧城市发展的必然要求。

智慧城市经过近十年的发展，已逐步成为新一代信息技术支撑、知识社会创新环境下的城市形态。它所要求的不仅仅是物联网、云计算等新一代信息技术的应用，更重要的是通过面向知识社会的创新2.0方法论应用，形成一种构建以用户创新、开放创新、大众创新、协同创新为特征的城市可持续创新生态。

我国智慧城市建设正处在以人为本的新型城镇化转型期，需要将其核心价值转换成高质量的生活品质及可持续发展。需要准确把握数据开放、以人为本、技术革新和资源集约利用等智慧城市发展趋势，努力促进创新要素的智能融合和应用，实现城市综合治理的精细化和智慧化。

数据是城市规划与管理的核心。开放的城市数据，涵盖城市需求、消耗、服务、管理等各个方面，能够创造更公开、透明的城市管理环境；能够提高城市管理效率，促进城市创新发展；能够辅助政府决策，综合考虑相关受益者。

智慧城市建设的根本目的是为市民群众提供更有效的服务以及监测、优化城市现有基础设施。因此，技术革新是实现智慧城市的重中之重。技术革新一方面依靠人才资本的技术提升，另一方面则依靠最先进的技术，例如光纤网络、物联网以及信息通信技术等。

城市数字化基础设施建设（智慧建筑、智慧管网、智慧交通等）是智慧城市"硬"策略实施的保障，也为城市"软"策略实施提供支撑，进而为促进城市创造、创新以及革新发展提供机会，推动城市经济快速发展。

智慧城市代表了一个多元复杂且具有挑战的环境。这不仅体现在它的多样性以及复杂性上，更体现在社会平等性和差距性上。技术的革新和大数据的运用能够以一种新方式来满足市民群众的需求。并将这种需求与专家、投资者、政策相关机构等充分结合，从而发挥群众智慧，驱动整个城市的改革创新。因此，智慧城市发展的重点之一便是完善公众参与机制，增加城市居民的参与感。

智慧城市是可持续发展的城市。这种可持续发展包含经济的可持续发展、社会的可持续发展和环境的可持续发展。做好经济的可持续发展，就必须让资源得到优化配置，实现经济又快又好地发展；做好社会的可持续发展，就必须满足城市居民的物质与文化需求，实现社会和谐；做好环境的可持续发展，就必须让自然资源得到合理利用并减少污染和浪费。这三个方面需有机连接，形成一个"智慧链"。

我们要不断提升理念，为智慧城市的发展提供不竭动力。

（中国城市建设网，2018年9月28日）

珍视城市的文化底蕴

历史古迹、优秀建筑、空间形态、环境特色，作为城市文化生态的显现部分，是城市文化底蕴直观生动的反映。美国社会哲学家刘易斯·芒福德在《文化城市》一书中提到："城市是文化的容器，专门用来储存并流传人类文明成果，储存文化、流传文化和创新文化，这大约就是城市的三个基本使命。"

当前，全球正经历着有史以来最迅猛的城市化进程。据联合国人居署预测，全球城市人口仍将快速增长，预计到2020年，全球城市人口将达到42亿，到2050年，城市人口将占总人口的70%左右。而我国的城市化平均发展速度超过了世界发展水平。

城市迅速发展的同时，我们城市的人口和就业、气候和环境变化、自然和人类资源使用、基础设施和公共服务、社会融合和居民幸福感等棘手的问题纷纷浮出水面，亟待解决。

文化是一个城市的灵魂、一个城市的根、一个城市的独特滋养；文化是市民的情感港湾和精神家园；文化是使一个城市不同于其他城市的一张特有名片。文化缺失的城市，不可能有高雅的、深厚的、愉悦的、稳定的品性。

在我国城市快速发展的同时，一些城市，建大剧院、大游乐场、大文化中心，盲目攀比，却没有把实质文化内容引入。丢弃传统文化，割断文脉，往往使城市成为毫无个性的建筑物的堆砌地。如果这样，城市的风格和城市灵魂将随之消失，城市记忆也将荡然无存。

独特的个性、品位和文化内涵，体现着一座城市卓尔不群的风格与魅力，所以城市发展要找准属于自己的文化特质和文化定位。这方面，上海做了一些有益尝试，为城市的文化品牌精准定位，即红色文化、海派文化、江南文化，12个字基本涵盖了城市文化特色。

城市文化应该变化发展、兼容并包的，只有不断地碰撞、冲击、互补和传承，才有可能激出全新的火花。为了保护城市文脉，要确立城市有机更新、以保留保护为主的全新思路，在旧城改造中从原先的"拆、改、留并举，以拆为主"，转换到"留、改、拆并举，以保留保护为主"，特别强调传承城市历史文脉、留住城市记忆，保护好老建筑和历史风貌区。

在很大程度上，现代城市是以文化论输赢，城市一旦失去了文化的支撑，就如同人失去了意识的支配，无法形成城市的核心竞争力。一座城市也许没有过于强大的经济力量，但是如果拥有了文化品味的魅力，就能赢得人们的关注，从而在吸引人才、技术、资金等发展资本的竞争中技高一筹、出奇制胜。

我们要坚持在继承中创新，做到"以古人之规矩，开自己之生面"，在优秀传统文化的土壤中找到属于城市自己的文化发展路径，彰显城市文化自信；我们要用先进的城市文化理念引导城市的发展，不断丰富城市自身的文化内涵，使城市永葆鲜明的特色、鲜活的灵魂和蓬勃的生机。

（《城市建设》杂志，2018年10月20日）

留住长江生态美

长江,全长6 300多千米,涵养着占国土面积1/5的沿江生态,带给沿岸4亿人民灌溉之利、舟楫之便、鱼米之裕。近年来,国家和地方政府围绕长江生态环境保护修复的各个方面做了大量工作,但任务仍然十分艰巨。展开秀丽的长江画卷,仍有一些场景令人揪心——化工企业围江、有毒废水偷排、非法码头林立、河湖湿地萎缩……

"当前和今后相当长一个时期,要把修复长江生态环境摆在压倒性位置,共抓大保护,不搞大开发""推动长江经济带发展必须从中华民族长远利益考虑,走生态优先、绿色发展之路"……习近平总书记的号召,振聋发聩,为长江经济带的发展指明方向。

"走生态优先、绿色发展之路"的大政方针,成为整个长江流域人民奋斗的方向。2018年2月,国务院批准了"长江经济带生态保护红线划分方案",包括水源涵养、生物多样性维护、水土保持、水土流失控制、石漠化控制和海岸生态稳定等6大类144个片区,构成了"三区十二带"为主的生态保护红线空间格局。

两年多来,从云贵高原、巴山蜀水到江南水乡,沿江11省市贯彻落实长江经济带发展战略,强化环保治理、优化产业结构、统筹协调联动。宜昌"关、转、搬"134家化工企业,江西湖口县一票否决总投资超过26亿元的污染性项目,浙江等省市投入重金修复水生态……"共抓大保护""生态优先"成为共识,沿江各省市"去污还绿""拒黑植绿"。

数据显示，2017年沿江11省市GDP增速持平或高于全国平均水平；2018年上半年，长江经济带经济总量达到了186 637亿元，占全国经济总量418 961亿元的44%。有力说明了绿水青山就是金山银山。

中央层面，2014年，"打造黄金水道，建设长江经济带"在政府报告中首次提出；2016年，国务院公布《长江经济带发展规划纲要》；2017年，多部委推出指导意见促进长江经济带发展。以《长江经济带发展规划纲要》为统领，以《长江经济带生态环境保护规划》等10个专项规划为支撑的顶层设计基本完成。

地方层面，为呵护湖泊湿地之绿、留住长江生态之美，打破了行政界限和区划壁垒，协商合作机制全面建立。湖南对全省79个限制开发区域县取消人均GDP考核；贵州率先启动生态环境损害赔偿制度试点；浙江全省一盘棋，积极推进太湖流域、钱江源等流域的生态保护……

环境保护联防联控、生态修复加强合作、环境犯罪联合执法……为搞好长江大保护，沿江省市逐渐摒弃各自为战，在"共"字上做好文章。

截至去年底，长江流域959座非法码头全部拆除，其中809座完成生态复绿；928个黑臭水体整治已开工826个，完工498个；截至6月底，环境敏感区内的化工园区、化工企业依法撤销……

长江经济带的绿色发展，离不开体制机制的深化改革和创新支持，要正确把握整体推进和重点突破、生态环境保护和经济发展、总体谋划和久久为功、破除旧动能和培育新动能等关系，进一步推动长江经济带发展，护长江碧水，以磅礴之势奔涌前行。

（中国城市建设网，2018年9月14日）

用更多的绿色装点城市

在城市中植树造林、种草种花,把一定的地面(空间)覆盖或者装点起来,这就是城市园林绿化。城市园林绿化的目的是通过城市绿化生态环境使城市生态系统具有还原功能,能够改善城市居民生活环境质量,使城市更美丽。

随着城市经济的快速发展,城市园林绿化已越来越受到各地政府的重视,如何进一步提高城市园林绿化水平,已成为各地政府亟待解决的问题。各地政府要在抓好城市园林绿地系统规划、城市园林法制建设的基础上,为城市添绿,把城市建设得更美好。

绿化风格"中西结合"

西方绿化风格以"直"为美,在布局上多为规划式、对称式,讲究几何造型,表现出大手笔、大面积的绿化特点;我国传统的园林绿化注重"景"和"情",讲究含蓄、追求境界,绿化布局为虚实、大小、远近、显露等方面的结合。王国维《人间词话》有云:"境非独景物也,喜怒哀乐亦人心中之一境界,故能写真景物、真感情者谓之有境界,否则谓之无境界。"

为了在绿化上做到"中西结合"、尊重自然、尊重生态,就必须结合各地的实际情况,既吸收西方"大手笔"的绿化风格,又继承传统的乔、灌、草相结合的绿化模式,以达到东、西方绿化风格的完美结合。

突出地域文化特色

注重发挥地方物种的优势,突出城市绿地的地域特色。可以大量运用雕塑、园林小品等艺术形式来突出绿化主题。将现代声、光技术运用于绿化建设，表现出城市绿化的时代特色。

文化是绿化建设的灵魂，要注重将本地文化融入绿化建设，以提高城市绿化档次。可以将园林建设与历史遗迹、古树名木、人文建筑等人文景观的保护开发结合起来，突出园林的历史背景。

绿化手段合理规划

对城市道路绿化，要建成林荫大道，采用绿化树木和条形绿化带相结合；对城市公园、广场、街头游园等公共绿地，要减少草坪的比例，增加乔灌木的比例；对现代化的住宅小区，最重要的是在有限的土地上增加绿量，营造出一种宁静休闲的环境，满足住宅小区绿化的生态要求。

在城市绿化过程中，作为城市园林工作者，应该更多思考如何实现城市树木绿量的最大化和绿地养护管理质量的最优化，让植物最大限度地吸收二氧化碳，释放氧气，为建设低碳城市和宜居城市作出贡献。

绿化形式丰富多样

城市园林绿化要走出园林部门单一建设与管理的局面，必须放开绿化市场，采取多种形式进行绿化建设。可以公开拍卖绿地建设与管理权，明确凡投资绿化建设与管理的，可拥有一定年限的冠名权和广告使用权，从而吸收大量的绿化资金，以更好地建设与管理绿地。

要注意发挥群众力量，大力组织开展绿地认养活动和爱绿护绿志愿者活动，形成城市绿化的"大合作"，从而促进城市绿化水平和绿化质量不断提高。

（《城市建设》杂志，2018年9月20日）

让城市拥有更多空间

今夏,我国多地又出现分散性强降雨。暴雨之后,一些地方甚至出现城市内涝、滑坡、山洪等险情。

一场暴雨,考验的不仅是城市的下水道,而且更有管理者的规划能力,城市与自然相处的水平。

发生城市内涝的原因很多,既有极端天气的影响,也有应急措施不足、排水管网不发达等原因。但根本还在于快速城镇化的过程中忽略了对"城市病"的预防。

20世纪90年代初,不少城市在快速城镇化背景下,各类水体不断被填塞,湖泊的"蓄水池"功能日益弱化。一入汛期,内涝频频,甚至造成年年"看海"。据统计,2000年以来,我国平均每年发生200多起不同程度的城市内涝灾害。

历史经验告诉我们,协调城市与自然的关系,关键在于我们是否能善待土地,能否科学规划、节制开发、有序用地。

事实证明,人口过快集聚,高楼、公路、水泥地不断扩张,虽然带来了生活的便利,但忽视疏浚天然排涝系统的建设,终究会给生活带来很多困扰。

尊重自然,顺应自然,保护自然,才能在面对城市内涝时,拥有更多空间和能力。

城市是个有机体,是人类利用自然、改造自然的产物。与自然和谐共生，与自然和谐相处，才是建设现代文明城市应该追寻的方向和目标。反之就可能"一损俱损"，后患无穷。破解城市内涝难题，必须要坚持不懈的努力。

住建部近年来开始公布全国城市排水防涝安全及重要易涝点整治责任人名单，将汛期安全责任落到项目、岗位、人员，并纳入考核，一竿子插到底；住建部还分次分批建立海绵城市试点，重点解决城市建设中的水环境、水生态和内涝问题。试点以来，30个试点城市内涝发生率显著降低，130多个城市地区相继加入海绵城市改造的行列。

从已经取得的相关成效来看，只要政府和社会携手并进，共同努力，目标取向与问题导向双向并行，市民出行条件和居住环境就会不断改善，城市与水就会更加和谐。

实践证明，城市发展，只有尊重自然、顺应自然、保护自然，才能在面对内涝时，拥有更多空间和能力。从更长远地看，加强城市地下和地上基础设施建设，能否变泄为蓄，将雨水就地消纳利用，化害为利？能否把硬化的河堤恢复成自然河道，用土地、草地让硬化的地面透气？是不可忽视的大问题。

当然，让城市留有更多空间，可能会牺牲城市部分商业利益和经济利益，但却会让市民的生活质量得以提高，实质上是城市发展理念更新的体现。

为城市留有更多空间，不仅体现城市领导者、管理者审美品位，而且关乎城市生态环境，关乎城市安全。

为城市留有更多空间，才能让城市居民具有安全保障。

（中国城市建设网，2018年8月25日）

以民为本 建设美好城市

城市建设工作是一项对推动城市发展具有重要作用的基础性工作，涉及人民群众的居住、出行等多个方面，与人民群众的切身利益息息相关。因此，坚持以民为本的发展思想，是美好城市建设工作的最根本遵循。

增强人民群众幸福指数、满意度

城市建设工作坚持以民为本的发展思想，就要坚定不移地树立人民群众至上的价值取向，以人民群众满意度为标准，从人民群众关心的事情做起；要提升城市幸福指数，把人民群众的获得感、满意度作为城市工作的出发点；要遵循绿色发展的理念，注重生态宜居，遵循共享发展理念，关注人民群众的生活质量；要创新工作思路，推进城市规划建设管理一体化，努力把城市建设成为和谐有序、绿色文明的美丽幸福城市，让城市成为人民群众美好生活的乐园。

增强城市规划的科学性、系统性

建设美好城市，是一项庞大的系统工程，涉及政治、经济、文化、社会的广泛领域。在这个系统中，城市规划起着战略引领和刚性控制的重要作用，是城市建设管理的龙头。

新时代对于城市规划工作，既是机遇也是挑战。我们必须创新规划理念，特别是要树立"地下、地面、空中并重"的立体规划理念，用更加理性的精神、更加科学的思维进行各类规划的制定和实施，更好地发挥在建设美好城市过程中的重要战略引领作用。

要积极应用新技术，建设一体化智能型信息系统。借助大数据和最新的地理信息技术、勘测技术，建设一体化智能型信息系统；统一协调规划的目标、指标、坐标，划分城乡建设用地、非城乡建设用地、生态用地等功能区块；针对过去规划不够合理、规划建设预见性不强等问题，找准痛点，查明原因，研究提出系统的解决方案，完善规划体系。

增强城市建设的民生性、普惠性

要切实加强城市基础设施建设，统筹考虑城市交通微循环、城市管网、城市防洪工程、棚户区改造等重点工程。要紧紧围绕提升城市综合功能和宜居水平，坚持"先地下、后地上""先规划、后建设"的理念，注重建设质量，注重绿色发展。

着力解决"拉链马路"等群众反映强烈的突出问题；要突出做好缓解主城区交通拥堵、轨道交通建设、农村人居环境建设、棚户区和危旧房改造、脱贫攻坚等涉及民生福祉的各项工作。

增强城市管理的和谐性、长效性

要将粗放的城市管理，转变成精细化管理，为人民群众提供精细的城市管理和良好的公共服务，努力让城市更有序、更安全、更干净，倾力打造城市管理升级版。要推动全员参与城市管理，鼓励市民和社会组织参与城市管理，真正形成共管共治、共建共享的城市管理格局。

（中国城市建设网，2018年8月17日）

应对"城市病" 提高治理水平

"城市病",是当前我国环境建设的突出问题,已成为重大的民生关切之事。解决"城市病"是建设美丽中国的重要抓手。

习近平总书记在党的十九大报告中明确指出:"建设生态文明是中华民族永续发展的千年大计""坚定走生产发展、生活富裕、生态良好的文明发展道路,建设美丽中国"。

从世界范围看,城镇发展的进程也是治理城市病的过程。美国在第二次世界大战结束后,工业蓬勃发展,但同时也带来了大量的环境污染。为了控制大气污染,美国采取了严格立法、排放限制以及一系列的经济手段,使大气污染状况得到了明显的改善。目前,我国城镇化快速发展,同时城市病也进入了多发期,大气污染、水污染现象突出。

应对"城市病"需要多举措综合治理

一是加快经济结构调整和发展方式转型。促进产业发展的集约化、生态化,加快形成绿色、低碳、集约的发展方式。

二是治理环境污染。维持经济增长与自然资源节约、环境保护这三者之间的平衡,从源头上扭转生态环境恶化趋势,力推循环发展、绿色发展、低碳发展,形成环境保护和资源节约的生产方式、生活方式。

三是因地制宜治理。对第二产业尤其是重工业占主导的城市,要更加注重节能减排工作,让传统部门"变绿";对进入后工业化发展阶段的城市,要在已有的产业发展基础上,培育现代服务业以及战略性新兴产业。提高服务业产出占城市GDP的比重，减少产业发展、经济活动的碳排放，通过规模和集聚效应，推动绿色发展，加强碳资产管理服务、生态服务、碳交易、合同能源管理服务。

应对"城市病"需要加强制度建设

一是完善相关法规体系，重点防治污染违法行为。城市病的治理应着眼当下，针对当前突出的空气污染、水污染问题，要积极作为，落实贯彻相关法律法规对市场主体进行规范，纠偏市场行为，调节利益分配，增加企业在生产过程中的污染成本。

二是进一步完善并强化顶层设计，明确环境保护中的公众责任、企业责任、政府责任，设立更为细致、严格的环境保护制度。进一步完善、落实水污染治理、空气污染治理方面的法律、法规体系，并严格监督，从制度上增强居民的安全感，缓解民众焦虑。地方环保部门应严格落实、执行相关项目的环境影响评价准入制度，实施环境污染治理的重点工程，从源头减少污染物的排放。

此外，还要积极探索、借鉴运用市场机制激励污染企业主动减污、治污，学习发达国家环境污染治理的经验，稳步推进排污权交易市场建设。

（中国城市建设网，2018年8月10日）

城市安全是建设宜居城市的首要条件

城市是现代人类文明与创新的核心载体。近些年来，随着社会转型升级、城镇化进程的快速推进，城市管理也面临诸多新的挑战。因此，在宜居城市建设中确保城市安全变得比以往任何时候都重要和迫切。

经济发展与城市公共安全，是相伴而生的两个问题。从世界其他国家发展的历程来看，工业化、城市化和经济高速发展，都伴随着一个事故高发的时期。在直接导致人员伤亡、财产损失之外，灾难事故造成的威胁公众心理安全、破坏城市发展规划和秩序、导致城市环境恶化、破坏政府的社会公共形象等的间接损失同样不可忽视。

回顾近几年来一些城市发生的恶性事件和突发事件，我们需要深刻反省。在危机和灾害面前，我们不能仅仅满足于亡羊补牢，应该理性认识，从容担当，积极应对，提升驾驭灾害和风险的能力。

城市安全建设不仅包括解决防火、防盗等社会治安问题，还涉及生产安全、交通安全、食品药品安全和居住安全，是个系统工程，任何方面都不能忽略。

建立评价和预警预防机制

城市防灾，不仅要在"防与避"上下功夫，更要全力增强市民的防灾意识。使忧患意识与加快治理城市薄弱环节相结合，抓好应急预案的落实到位，确保预案在应急管理中发挥作用，提升社会应急能力，加快建设规划超前、组织科学、运转高效的城市防灾应急机制。

公众参与城市安全管理

日本东京、英国伦敦等国际化城市都郑重地提出了社会安全计划，革新"全能政府"思维，提倡安全维护、社会参与，提升城市的安全容量，确定智能化的平安城市综合指标，明确公众参与方式、程序和准则，完善公共安全信息通报制度。他山之石，可以攻玉。借鉴这些做法，开辟公众与政府畅通的交流互动渠道应成为当务之急。

健全科学防控系统

平安城市建设"海纳百川"，涵盖众多领域，如街区、商业建筑、银行、邮局、校园，也包含流动人员、机动车辆、警务人员、移动物体、通信设施等等，应建立健全由技防系统、物防系统、人防系统和管理系统组成的完整的安全技术防范系统。同时，加强对重点人群、重点地段、重要设施、重点部位的安全监控和社会层面的安全防范，实现城市安防从事后控制向事前预防转变，提升城市的安全程度。

突出专业应急队伍建设

按照"一专多能、一队多用"的要求，抓好专业队伍建设，在气象、卫生、公安、消防等领域都要组建专业应急队伍，提高各级领导干部、管理人员、应急救援人员的指挥水平和专业技能。建立专家人才库，充分发挥专家在突发公共事件的信息研判、决策咨询、专业救援、事件评估等方面的作用，做好人力资源的统筹规划，形成统一高效的专业应急救援体系。

城市是人口和财富的集中地，是幸福和梦想的汇聚地。保护城市安全是民心所向，建设城市安全是宜居城市的首要条件。

（中国城市建设网，2018年8月3日）

努力构建生态文明制度体系

建设生态文明是一场涉及生产方式、生活方式、思维方式和价值观念的深刻变革，只有建立系统完整的制度体系，才能具有可靠保障。

近年来，我国生态文明制度建设成效显著，但仍存在不全面、不系统问题。

一是目前有关生态环保的政策法规比较多，但缺乏系统性，也不全面，特别是缺少综合决策制度、绩效考核制度、问责制度等，导致生态管理效果大打折扣。

二是有关生态文明的规定条文涉及方方面面，但缺乏有机整合，难以发挥整体效应。

三是一些地方对落实生态文明制度的监管工作不到位，监管力量分散，行政效能偏低。

积极构建生态文明制度体系，必须运用宣传教育手段，强化社会成员生态文明意识，大力传播生态文明知识，使干部群众认清我国生态文明建设的严峻现状，理解生态文明建设的重要意义，增强全民节约意识、环保意识、生态意识。政府机关应带头使用并推广环保产品，坚持绿色发展，引导生态消费。科研机构应注重培养生态环保科研人才，加强生态环保技术研发。社会组织应积极发挥作用，动员群众参与生态文明活动，践行生态文明理念。

积极构建生态文明制度体系，必须加大监督管理力度，保证生态文明制度落实。改革干部选任办法，进一步明确各级各部门推进生态文明建设权责，将生态文明建设目标纳入政府决策机制，把绿色GDP作为干部政绩考核依据，建立健全问责追责机制。完善奖惩制度，改变守法成本高、违法成本低的不合理局面。通过具体政策和实施方案约束和引导生态文明建设责任主体，奖励严格执行生态文明制度的行为，严惩破坏生态文明制度者，提高违规违法成本。丰富监督手段，畅通监督渠道，培养"保护生态，人人有责"的社会责任意识。

积极构建生态文明制度体系，必须协同推进生态文明制度建设和生态价值观的培育。生态文明法律制度是硬杠杠、硬约束，生态价值观是软引导、软环境。生态价值观融合于社会道德文化中，对各项生态文明制度建立、完善和落实具有重要支撑作用。构建生态文明制度体系，应以生态文明制度建设为核心，以培育和践行生态价值观为基础，形成建设生态文明的价值指引、文化底蕴、浓厚氛围、严格规范。走生态文明制度法制化之路，改变相关法律法规碎片化、等级低的状况，将生态文明制度提到应有高度。建立健全生态文明行政制度、产权制度、监管制度、参与制度等，完善生态文明制度体系。大力培育和弘扬生态价值观，增强人们生态文明建设荣誉感和责任感，促进加强社会监督、转变政绩观，从参与主体、工作部署等多方面推动生态文明制度体系构建。

（中国城市建设网，2018年7月27日）

珍惜城市的文化品位

多样性和丰富性是城市文化品位的内涵。改革开放以来，我国城市建设取得巨大成就。但从文化视角看，也存在模仿西方、追求浮华、刻意标新等误区，急需改进。

一座城市只有充分挖掘人无我有的地方文化，积极尝试从历史传统、地理位置、建筑形式、民俗文化、风土人情等入手，表达和展现地方文化与城市特色，才能成为有文化品味的城市。

纠正模仿西方的偏向

有些城市热衷于模仿西方做法，过度重视引进国际元素。在城市建设中适当吸取西方先进理念和文化精华无可厚非，但唯洋是举绝对不可取。实际上，越是想赢得国际注意力、提升国际影响力，就越要珍视和展现民族优秀传统文化。我们有责任立足本土特色，把城市建成展现中华文化自觉与文化自信的鲜活载体和平台。

纠正追求浮华的偏向

一些城市建设盲目追求"世界第一""亚洲之最"，这种追求浮华的做法，会造成城市表面华丽气派但缺乏人文含量，显露出来的往往是单调、浅薄与浮躁。因此，城市建设除了要在城市功能完善和优化上下功夫，还要在挖掘城市文化底蕴、提升城市文化品位上做文章。应坚持精约简省原则，在就地取材上多动脑筋，在因势利导上多想办法，杜绝铺张浪费，贪大求洋。践行简洁洗练、辞约意丰的城市建筑理念和风格。

当然，精约简省不等于简单粗放，宏观构想要科学、微观设计要到位是其基本要求。

纠正刻意标新的偏向

近年来，人们保护历史建筑和古迹的意识明显增强，但依然存在未将历史建筑和古迹纳入城市建设考虑范畴、为提高任期政绩而无视保护工作以及不懂得如何保护等问题。有些城市为标新立异而大拆大建，甚至"拆真古迹、建假古董""复制古城、搞滥经典"，毁坏了大批历史建筑和古迹等城市文化元素。

世界各国实践经验表明，保护历史建筑和古迹与推动城市设施更新、功能完善并不是一对不可调和的矛盾，其解决方案是践行"立新而不破旧"原则：为满足现实需要而适当做加法，为保护文物需要而尽量不做减法。这样就能确保历史文脉以建筑和古迹等形式被保护起来、延续下去，实现"记得住乡愁"的目标。需要注意的是，不只是千年古屋才是保护对象，也不只是名人故居才应得到保护，不同时段、不同类型的历史建筑和古迹都应纳入保护范围。这是因为，过去是现在的历史，现在是未来的历史，而多样性和丰富性正是城市文化完整图景的真实底色。

（中国城市建设网，2018年7月20日）

"城镇化"与"逆城镇化"的思考

改革开放40年来，我国的城镇化取得了快速发展，城镇化率已由改革开放初期的17.9%，提升到了2017年底的58.52%，平均每年提高约1.02个百分点，城市人口目前已经超过8亿。

但是，现在对于我国未来城镇化的发展，有一些不同看法。有人提出，我国开始出现逆城镇化现象。

我们知道是否出现逆城镇化现象，是由城乡居民收入和公共服务差距、农业与非农产业劳动生产率差距决定的，是由劳动力资源是否追求更高报酬和更高劳动生产率决定的。

从全世界看，城市居民和农村居民人均收入平均差距是1.5倍。从我国看，城乡居民人均收入差距现在是2.7倍，如果把公共服务差距包括进去，城乡实际差距会远远高于这个数字。从我国农业与非农产业劳动生产率差距看，农业劳动生产率只相当于非农产业劳动生产率的约1/4。在巨大差距情况下，按照人往经济发达地方走、追求高回报的基本规律，今后依然还会出现劳动力资源从农业向非农产业、从农村地区向城市地区转移的趋势。

事实上，只要这种差距和趋势还存在，我国在大的格局上就不会出现逆城镇化的现象。少数城市人可能到农村地区和郊区去居住一段时间或度假休养，这种情况不代表大的格局上会出现逆城镇化现象。

我国未来城镇化的目标就是要更好地满足人民对美好生活的需要，

把更多的注意力放在已经进城的农民工落户及其家属子女的市民化上，减少因劳动力转移就业导致妻离子散、减少夫妻分居、减少留守儿童和留守老人。要更加以人为核心，以促进市民化为重点，真正实现对人口流动的现代化管理。

当然，在我国未来城镇化的过程中，我们要正确对待面临的各种各样的问题，特别是在城市治理和城市可持续发展方面的问题，使得城市治理更加开放包容、更加便民高效，使得城市不管规模多大，都能更加宜居宜业、绿色低碳。解决了这些问题，我们的城镇化建设会更加稳妥，更加健康。解决了这些问题，会让城市和农村发展更加平衡，让城市和农村更和谐，让城市和农村生活更美好。

总之，我们在纪念改革开放40周年，总结过去城镇化发展成就时，一定要看到城镇化对国家发展和现代化所起的突出作用，一定要注重分析城镇化建设中的经验教训，一定要看到城镇化作为一个大的经济社会结构演变还没有结束，与城镇化相关的制度改革完善的探索还需进一步深化，不能被逆城镇化的错误判断所误导，影响城镇化进程。

（中国城市建设网，2018年7月13日）

细化城市管理

一个城市就像人的肌体一样,要重视日常保养、加强管理,否则,城市乱点必将会由小及大、由浅入深,形成难以根治的痼疾顽症。一个城市规划,没有明确严格的要求,没有科学有效的布局,必然导致业态发展不平衡、人口密度不合理、城市功能混杂,导致一系列大城市病发生。交通拥堵问题的产生也是由于前期管理不到位引起的,在鼓励买车政策出台时没有顾及车辆增多会带来交通压力,在规划建设超大型社区时没有顾及到出行问题。

治病于未病之先。城市管理要求我们要重视细节问题,把工夫花在问题出现之前,勇于正视现实,改正错误,真正做到防微杜渐,细化城市管理。

我们党一直高度重视城市管理工作。党的十八届三中全会决定提出:"理顺城管执法体制,提高执法和服务水平。"城市管理工作牵扯面广、涉及部门多、综合性强,是一项复杂的系统工程。社会协同治理强调社会治理主体的多元性、平等性、协同性,是破解城市管理难题、加强城市管理工作的有效形式。当前,城市管理相关部门应增强协同意识,以协同理念加强城市管理。

坚持集中领导,确保统一指挥。城市管理职能是一个完整的职能体系,需要依靠所有城市管理部门共同努力才能提升管理实效。在城市管理工作中,由于涉及部门多,经常会出现部门之间意见不一致甚至推诿扯皮的现象,降低了城市管理工作的效率。因此,当前亟须建立集中领导、协调有力的指挥机制,统筹城市管理工作中部门与部门、下级与上级的关系,使各部门步调一致地服务于城市管理总体目标的实现,提升城市管理系统的行政综合管理水平。

坚持职能下沉,强化街道职能。街道处于城市管理最前沿,是加强城市管理工作的基础和主阵地。深化城市管理体制改革,应坚持属地原则,推动工作重心下沉、关口前移,强化各街道在城市管理中的统筹职能,推动专业部门协同履行管理职责,把街道层面的城市治理职能做实做强,配合专业部门开展综合联动执法,充分发挥社区在社会治理中的基础作用,确保很多矛盾和问题在基层解决。

坚持共治共享,发动社会参与。城市管理的好坏与全体市民密切相关,生活在城市的人都有责任和义务参与城市管理。深化城市管理体制改革,应坚持共治共享,充分发挥市民在城市管理中的主体作用,激发全体市民参与城市管理的积极性、主动性。统筹协调各方力量参与城市管理工作,实现"人民城市人民建、人民城市人民管"的目标。

(中国城市建设网,2018年7月6日)

发展智慧气象 抵御灾害风险

连日来，中东部的天气呈现出"南北热中间雨"的格局，华北黄淮多地持续"晴热暴晒"模式，华南多地则持续闷热，而在长江中下游地区，大范围、长时间的强降雨天气已影响了10余省份。通过发展智慧气象进一步提高我国对天气、气候和水事件风险的科学抵御能力，对于促进经济社会持续健康，保护人民生命财产安全至关重要。

在党中央、国务院关心和领导下，我国气象部门大力推进以智慧气象为重要标志的气象现代化建设，不断提升天气气候监测预报预警服务能力。

我国信息技术在气象领域得到广泛应用，已有9颗"风云"气象卫星在轨运行，190部天气雷达参与组网运行，气象观测站乡镇覆盖率达96.5%，气象数据全部实现实时汇交、质量控制和分发；智能网格气象预报全国"一张网"，让预报预测更加精准；国家突发事件预警信息发布系统汇集16个部门76类预警信息，公众服务覆盖面超过90%。气象现代化稳步推进，为发展智慧气象奠定了坚实基础，为减少气象灾害损失、护佑人民安全福祉提供了可靠支撑。

纵观大气科学发展，从地面气象观测站到气象卫星、从手绘天气图到数值预报，气象监测预报预警领域的每一次突破，都使我们在预判未知、防范风险中更智慧。

我们正处在一个科技创新、"智慧"升级的时代，现代信息技术以前所未有的速度和广度向前发展。其中，关乎人民群众健康、安危的智慧气象尤其重要。

智慧气象通过深入应用云计算、物联网、移动互联、大数据、人工智能等新技术，依托气象科技进步，使其成为一个具备自我感知、判断、分析、选择、行动、创新和自适应能力的系统，让气象业务、服务、管理活动全过程都充满智慧。

发展智慧气象除了大力发展气象技术体系外，建立与现代气象技术体系相适应的发展模式也是智慧气象的重要内容。要落实国家关于科技创新和人才发展的有关政策，进一步完善气象科技创新的体制机制，建立保持战略定力与激发创新活力共生的良好生态。

进入新时代，人民对美好生活的向往，呼唤更加智慧的公共气象服务。发展智慧气象，既是现阶段气象现代化鲜明的时代特征，也是实现精细化、专业化、个性化普惠气象服务的重要基石。

我国气象部门肩负着捕捉风云变幻、护佑百姓冷暖、服务国家重大战略的崇高使命，站在时代发展和全局高度大力发展智慧气象，是我国气象事业发展的必由之路。

我国气象部门坚持"以人为本、无微不至、无所不在"的理念，发展以人民群众为中心、面向全媒体的智慧气象服务，拓展服务领域、丰富服务内涵，将精准预报更智能地提供给每个人、每个行业，满足个性化需求；大力开展气象科普宣传，促进全社会对智慧气象的理解和应用，提高公众防灾减灾和应对气候变化的意识与能力，为服务保障全面建成社会主义现代化强国作贡献。

（中国城市建设网，2018年6月22日）

城市治理要以服务人民为中心

城市治理体系和治理能力现代化，是国家治理体系和治理能力现代化的重要组成部分。

我国城镇化已经进入中后期，这一时期出现人民日益增长的美好生活需要和不平衡不充分的发展之间的矛盾。一是城市基础设施、城市公共服务和城市管理水平发展不充分，"城市病"蔓延加重；二是城市社会建设不充分不平衡，随着大量流动人口涌入城市，城市社会结构不均衡；三是城市人口和经济发展与资源环境保护不平衡，城市发展的资源环境约束日趋增强，亟需转变城市发展方式。

党和国家领导社会治理的根本目的是带领人民创造美好生活。要实现这一目的，城市治理应当坚持问题导向，着力解决"城市病"等突出问题，增强城市综合承载能力，为建设社会主义强国提供支撑。

完成新时代城市治理的任务，需要进一步完善城市治理体制和机制。创新政府治理，通过简政放权，尽可能把资源、服务、管理放到基层。改进公共服务提供方式，实行以奖代补，采用政府与社会资本合作模式，提高服务质量和效益。培育社会组织，发动群众参与。科学立法、严格执法、公正司法，提高社会治理法治保障。

完成新时代城市治理的任务，需要遵循城市发展规律，按照"五位一体"总体布局和"四个全面"战略布局，牢固树立和贯彻落实创新、协调、绿色、开放、共享的发展理念，认识、尊重、顺应城市发展规律，更好发挥法治的引领和规范作用，依法规划、建设和管理城市，着力创新城市管理服务和城市治理方式。

完成新时代城市治理的任务，需要以人民为中心，提倡"百姓城管"。牢固树立为人民管理城市的理念，强化宗旨意识和服务意识，落实惠民和便民措施，以群众满意为标准，切实解决社会各界最关心、最直接、最现实的问题，努力消除各种城市管理顽疾。

完成新时代城市治理的任务，需要创新城市治理方式。推进依法治理城市，形成覆盖城市规划建设管理全过程的法律法规制度。引入市场机制，吸引社会力量和社会资本参与城市管理。加强精细化管理，建立健全市、区、街道、社区管理网络，将城市管理、社会管理和公共服务事项纳入网格化管理。促进多元共治，引导社会组织、市场中介机构和公民法人参与城市治理，实现政府治理和社会调节、居民自治良性互动。

完成新时代城市治理的任务，需要推进城市智慧管理，促进大数据、物联网、云计算等现代信息技术与城市管理服务融合，提升城市治理和服务水平，实现城市治理体系和治理能力现代化。

（中国城市建设网，2018年6月15日）

保护生态环境 让城市更美好

建设生态文明是实现人与自然和谐发展的前提，是关系中华民族永续发展的根本大计。

在最近召开的全国生态环境保护大会上，习近平总书记发表重要讲话。讲话着眼人民福祉和民族未来，从党和国家事业发展全局出发，对加强生态环境保护、打好污染防治攻坚战作出了全面部署。

习近平总书记的重要讲话，必将推动我国生态文明建设迈上新台阶，让城市更美好，让人民更健康。

总体上看，我国生态环境质量持续好转，出现了稳中向好趋势。但必须看到，我们还有不少难关要过，还有不少硬骨头要啃，还有不少顽瘴痼疾要治。

党的十八大以来，以习近平同志为核心的党中央深刻回答了为什么要建设生态文明、建设什么样的生态文明、怎样建设生态文明的重大理论和实践问题，提出了一系列新理念、新思想、新战略，形成了习近平生态文明思想，成为习近平新时代中国特色社会主义思想的重要组成部分。

认真学习贯彻习近平生态文明思想，就要深刻把握这一思想的理论和实践创新意义，把握这一思想的丰富内涵，切实增强推进生态文明建设的责任感、使命感。把握绿水青山就是金山银山的重要发展理念，坚定不移走生态优先、绿色发展新道路。把握良好生态环境是最普惠的民生福祉的宗旨精神，着力解决损害群众健康的突出环境问题。把握山水林田湖草是生命共同体的系统思想，提高生态环境保护工作的科学性、有效性。

认真学习贯彻习近平生态文明思想，就要坚决打好污染防治攻坚战，突出抓重点、补短板，不断满足人民群众日益增长的优美生态环境需要。

认真学习贯彻习近平生态文明思想，就要集中优势兵力，采取更有效的政策举措，加快构建生态文明体系，建立健全生态文化体系、生态经济体系、目标责任体系、生态文明制度体系、生态安全体系。

认真学习贯彻习近平生态文明思想，就要全面推动绿色发展，加快形成绿色发展方式，倡导绿色生活方式。把解决突出生态环境问题作为民生优先领域，坚决打赢蓝天保卫战。

认真学习贯彻习近平生态文明思想，就要全面实施水污染防治行动计划，落实土壤污染防治行动计划，有效防范生态环境风险，把生态环境风险纳入常态化管理，加快推进生态文明体制改革。

认真学习贯彻习近平生态文明思想，就要大力提高环境治理水平，充分运用市场化手段，对涉及经济社会发展的重大生态环境问题开展对策性研究，实施积极应对气候变化国家战略。

认真学习贯彻习近平生态文明思想，坚决打好污染防治攻坚战，我们就一定能形成人与自然和谐发展现代化建设新格局，让中华大地天更蓝、山更绿、水更清、环境更优美。

（中国城市建设网，2018年6月8日）

发展新能源 建设宜居城市

面对严峻的能源和环境问题,世界各国均把开发利用可再生能源作为保障能源安全、应对气候变化、实现可持续发展的共同出路。风能、太阳能、生物质能、水电、地热能等可再生能源发展迅速。

据国际能源署预测,到 2035 年,可再生能源占一次能源消费比重将从 2011 年的 13% 提升到 18%;届时,世界发电增量的二分之一将是由可再生能源提供的。

当前,世界上超过半数的人口聚居于建成面积只占陆地总面积 2% 的城市之中。预计到 2050 年,全球城镇化水平将提升到 70%—80%。2016 年 5 月,联合国人居署发布了一项报告。该报告指出,现在全球有五分之一的居民生活在 600 座大城市中。这些城市的能源消耗占世界总量的 60%—80%,而排放的温室气体数量占 70%。联合国人居署发布的这项报告还特别关注了发展中国家的城市化进程的快速发展。根据现有数据,发展中国家的城市居民人口增加了一倍,城市面积扩大了约 2 倍。

城市的无序扩张和割裂带来严重的气候、经济和社会问题,导致低下的土地利用率,高昂的基础设施成本,严重的社会隔离和不平等,高能源和资源消耗以及气候变化。当前的城市发展模式必须由粗放和无序扩张为特点的数量型向提升效率和集约增长的质量型转变。

新能源和循环经济在世界许多国家的实践证明可以有效减少能耗和排放。在城市发展中必须紧紧抓住低碳发展的主轴,配以生态的要求,推动技术发展和建立低碳经济，创建人与自然和谐的可持续发展城市。不少国际组织和专家将节能称为"世界第五大能源"，与煤炭、石油、天然气和核能等能源并列。

中国能源需求的急剧增长打破了中国长期以来自给自足的能源供应格局，自1993年起中国成为石油净进口国，且石油进口量逐年增加，使得中国介入世界能源市场的竞争。由于中国化石能源尤其是石油和天然气生产量相对不足，未来中国能源需求对国际市场的依赖程度将越来越高。

今后国际石油市场的不稳定以及油价波动都将严重影响我国国内的石油供给，对我国经济社会造成很大的冲击。大力发展可再生能源可相对减少我国能源需求中化石能源的比例和对进口能源的依赖。

此外，可再生能源与化石能源相比最直接的好处就是其对环境污染少。因此要切实落实贯彻节能优先的方针，在实施能源消费总量和强度双控制的基础上，下大力气提高能源效率，着力提高能源转换效率、使用效率和产品节能效率，努力构建节能型生产和消费体系，促进经济发展方式和生活消费模式转变，加快构建节能型国家和节约型社会。

中国近十几年来的实践也取得了可观的成效，通过采取多方相应措施，进一步加大新能源生产和循环经济的推广力度，是中国推进城镇化过程中压缩能耗和排放增幅的有效手段。新能源产业在中国的发展十分迅速，政策扶持和技术进步是中国新能源行业未来快速发展的主要驱动力。为实现2030年可持续发展目标，应努力发展新能源，建设宜居城市。

（中国城市建设网，2018年6月1日）

持之以恒建设美丽中国

生态文明建设功在当代、利在千秋，事关中华民族永续发展和"两个一百年"奋斗目标的实现。党的十九大报告把"坚持人与自然和谐共生"作为新时代坚持和发展中国特色社会主义基本方略的重要组成部分，号召全党全国人民"为把我国建设成为富强民主文明和谐美丽的社会主义现代化强国而奋斗"。

党的十九大开启生态文明建设的新时代。

党的十八大以来，习近平总书记在国内外重要会议、考察调研、访问交流等各种场合，一直强调生态文明建设，维护生态安全。

习近平总书记强调，党的十八大把生态文明建设纳入中国特色社会主义事业五位一体总体布局，明确提出大力推进生态文明建设，努力建设美丽中国，实现中华民族永续发展。这标志着我们对中国特色社会主义规律认识的进一步深化，表明了我们加强生态文明建设的坚定意志和坚强决心。

习近平总书记强调，生态环境保护是功在当代、利在千秋的事业。要清醒认识保护生态环境、治理环境污染的紧迫性和艰巨性，清醒认识加强生态文明建设的重要性和必要性，以对人民群众、对子孙后代高度负责的态度和责任，真正下决心把环境污染治理好、把生态环境建设好，努力走向社会主义生态文明新时代，为人民创造良好生产生活环境。

建设生态文明，关系人民福祉，关乎民族未来。

我们要树立尊重自然、顺应自然、保护自然的生态文明理念。坚持节约优先、保护优先、自然恢复为主的方针，维护生态安全、优化生态环境，形成节约资源和保护环境的空间格局，大力发展循环经济，促进生产、流通、消费过程的减量化、再利用、资源化。

我们要正确处理好经济发展同生态环境保护的关系，牢固树立保护生态环境就是保护生产力、改善生态环境就是发展生产力的理念，更加自觉地推动绿色发展、循环发展、低碳发展，决不以牺牲环境为代价去换取一时的经济增长。

我们要坚定不移加快实施主体功能区战略，严格按照优化开发、重点开发、限制开发、禁止开发的主体功能定位，划定并严守生态红线，提高生态服务功能。

我们要实行最严格的制度、最严密的法治，为生态文明建设提供可靠保障，营造爱护生态环境的良好风气。

我们一定要以对人民群众、对子孙后代高度负责的态度和责任，真正下决心把环境污染治理好、把生态环境建设好，实现全面均衡协调和可持续发展，持之以恒建设美丽中国。

（中国城市建设网，2018年5月25日）

主题公园要名副其实

从1989年内地第一家主题公园深圳"锦绣中华"开业至今，近30年来，全国共有约2500家主题公园相继落地。这些主题公园，装点了城市面貌，完善了城市功能，也满足了人民群众文化生活需要。

但在争相发展中，不少主题公园主题定位模糊，质量上粗制滥造，产能过剩与经营不善互相叠加，从文化资产成为了城市负资产。

我们说主题公园不是光靠平地起高楼，更不能凭一时冲动；即便内容过硬，也必须考虑市场的实际需求。否则一哄而起，一定导致经营困难，引发地方债务、金融等一系列风险。

另外，还有一个"假公园真地产"的现象需要警惕。从初衷看，"主题公园+周边配套地产"的模式无可厚非，有助于实现主题公园多层次、综合性开发。但不少开发商却剑走偏锋、颠倒主次，将公园当作拿地开发的"壳"。加上主题公园有一定公益性，地价便宜、开发成本低，便借主题公园之名大肆"圈地"。

正因此，为推动主题公园有序发展，更好发挥政府作用，堵住"泛地产化"的市场漏洞，避免借主题公园实现政策套利，日前，国家发展改革委等5部门联合发文规范主题公园建设发展，给主题公园盲目上马降温。

指导意见提出，主题公园的建设发展要严格用地管理、严格核准程序、严控房地产倾向、严防地方债务风险等。"严"字当头，就是要以控制总量来提升质量。

诚然在文娱消费升级的背景下，优质主题公园前景乐观，"中国主题公园市场仍然是全球主题公园行业的发动机"。越是如此越应该强化监管力度，推动主题公园向高品质升级。

为使主题公园向高品质升级，指导意见规定省级相关部门对拟核准的主题公园项目，在政策把握、规划布局、资源开发配置等方面要严格控制，"不得下放核准权限"；主题公园周边的酒店、餐饮、购物、住宅等房地产开发项目，不得与主题公园捆绑供地、捆绑审批；对拟新增立项的主题公园项目要严格把关审查；省域内要分层次统筹发展，将企业是否建立长期稳定的投入机制和创新机制作为项目审批的重要条件之一；要筛选出真正有长期经营意愿的投资者，推动有科技含量、创意亮点的主题公园脱颖而出，以多样化、特色化、差异化、内涵式发展，满足老百姓对美好生活的向往。

可见，无论是为推动主题公园品质升级还是破除房地产化倾向，给低水平重复建设的主题公园降降温，是一件好事。地方管理者只有克服政绩冲动，强化执行能力，才能真正逐出发展中的"低端产能"，让更多人拥抱高品质文旅生活。

我国主题公园正在从高速发展转入高质量发展，不能再追求速度，而要打造更多精品。

（中国城市建设网，2018年5月18日）

绿色是新时代城市的底色

建设生态文明是千年大计，功在当代，利在千秋。党的十九大报告将"美丽"作为全面建成社会主义现代化强国的奋斗目标之一，并对"加快生态文明体制改革，建设美丽中国"规划了清晰的路线图，为建设天蓝地绿水净的美丽中国指明了努力方向。

绿色，常被喻为城市的生命色、自然色。绿色发展，从根本上说就是要实现人与自然的和谐共生。党的十八大以来，以习近平同志为核心的党中央，推进生态文明建设决心之大、力度之大、成效之大前所未有，坚决向污染宣战，相继实施大气、水、土壤污染防治三大行动计划，解决了一批重大环境问题，重大生态保护和修复工程进展顺利，生态环境治理明显加强，环境状况得到改善，"国家颜值"越来越高，城市绿色发展按下快进键，美丽中国建设驶入快车道。

同时要看到，目前我国环境形势依然严峻，建设生态文明是一个长期的过程，任重而道远。我们要建设的现代化是人与自然和谐共生的现代化。必须牢固树立绿色发展的理念，坚持节约优先、保护优先、自然恢复为主的方针，形成节约资源和保护环境的空间格局、产业结构、生产方式、生活方式，实现经济社会发展和生态环境保护协同推进。

完善绿色经济体系。生态环境问题，归根到底是经济发展方式问题。发展是硬道理，绿色是硬要求。推进城市绿色发展，必须加快建立绿色生产和消费的法律制度和政策导向，建立健全绿色低碳循环发展的经济体系，切实改变过多依赖增加物质资源消耗、过多依赖规模粗放扩张、过多依赖高能耗高排放产业的发展模式，从源头上推动经济实现绿色转型，走出一条经济发展与生态文明建设相辅相成、相得益彰的新发展道路。

构建绿色创新体系。城市绿色发展，离不开技术引领、金融支撑，需要绿色技术和绿色金融"双轮创新驱动"。我们要构建市场导向的绿色技术创新体系，促进科技创新与环境保护深度融合，发展绿色金融，开发绿色信贷、绿色保险、绿色债券、绿色基金等绿色金融产品，加强新材料、新能源、新工艺的开发与利用，发展壮大节能环保产业、清洁生产产业、清洁能源产业，加快形成新型生态产业体系。

建立绿色能源体系。目前，我国可再生能源装机容量占全球总量的24%，已成为世界节能和利用新能源、可再生能源第一大国。今后，我们要继续推进能源生产和消费革命，加快发展风能、太阳能、生物质能、水能、地热能，安全高效发展核电，推进资源全面节约和循环利用，降低能耗、物耗，提高能源利用效率，构建清洁低碳、安全高效的能源体系。

（中国城市建设网，2018年5月11日）

城市改造对城市文化的影响

城市改造工作是实现土地的集约化利用，增加城市空间，提升城市魅力的重要方式，因此城市的改造工作十分重要。但在城市改造中往往忽视了城市文化的保护，很多城市文化伴随着城市的改造而逐渐被破坏殆尽。这种以牺牲城市文化为代价的城市改造违背了城市经济发展的长远利益。因此，把握城市中各部分的去留，保护与利用城市文化是值得我们深思的问题。

城市改造中遇到的一个难题是城市建筑的老化。许多年代较长的建筑由于时间久远而遭受到不同程度的损坏，同时也由于其功能的滞后性而跟不上时代发展的要求，这就遇到对其进行改造甚至拆迁的问题。但由于很多历史古迹具有很高的文物价值，它承载着一个城市的文明底蕴，因此，在改造过程中难免会对其原有的功能和面貌进行整治，期间必会对历史遗迹造成了一定的破坏。

在对城市进行改造中，会产生一系列相应的生态问题，诸如资源浪费、环境污染、人口膨胀等问题，这些都是城市改造中遇到的难题。尽管目前我们在改造中一再强调要坚持走生态城市道路，但实际在城市改造中还没有形成以生态为主导的建设理念。很多城市改造虽然打着生态建设的旗号，但是不注重结合自身实际，造成城市重建的千篇一律。

随着改造进程的加快，许多城市面临着城市文化保护与重建的问题。为了能在改造中最大限度地保护好文化遗迹，避免出现城市记忆的消逝、城市形象的恶化、城市面貌的趋同以及城市文明的失落，每个城市在具体改造中要具备高瞻远瞩的目光，从全局考虑，在创新理念的指导下重视对城市文化的建设。

以人为本，打造和谐城市。城市文化作为社会文明的一个缩影，是社会和谐的具体表现。在城市改造中，要贯彻落实科学发展理念，坚持以人为本的建设思路，让建设后的城市更适合人类的居住和长远的发展。

加强城市文化的利用，推动城市经济发展。当今社会的竞争越来越侧重于文化软实力的竞争，文化软实力在经济活动、科研创新、生产管理中都发挥着显著的推动作用，在物质文明发展道路日益趋同和狭窄的状况下，提高城市的文化软实力，是今后城市经济发展的新型方式。因此，在城市改造过程中，要充分挖掘城市文化对城市建设的推动作用，利用好城市文化，以更好地拉动经济的发展。

最大限度保留历史遗迹。当前城市改造遇到的明显问题就是对文物的保护不力，使得千百年来遗留下来的人类文明遗迹损毁殆尽。失去了文物遗迹，城市就失去了历史的记忆，其发展就会迷失方向，看不到未来。因此，在改造中必须让城市文化承载着历史，这样才能昭示未来的发展方向。

（中国城市建设网，2018年5月4日）

加快新型城市建设

城市是各类资源要素的集中地,是人口和产业的集聚地,是经济政治文化社会等方面活动的中心。"十三五"规划纲要提出,"加快新型城市建设"。进入新时代,建设充满活力和魅力的新型城市,需要统筹生产、生活、生态三大功能布局,实现三者动态平衡。

绿色发展理念是推动实现城市生产、生活、生态功能动态平衡的重要理念。应把绿色发展融入城市生产空间,淘汰高能耗高污染产业,提升绿色经济在城市经济体系中的比重,逐步实现经济结构绿色化,融入城市生活空间,将山水林田湖草作为城市生命体的有机组成部分,依托现有山水脉络开展城市建设,努力打造特色山城、水城,让市民望得见山、看得见水、记得住乡愁。

建设新型城市,要努力实现各种功能布局的动态平衡。在实现生产空间集约高效、生活空间宜居适度、生态空间山清水秀的基础上,把创造优良人居环境作为城市发展的重要目标和统筹生产、生活、生态功能的纽带。从整体规划到具体设计,都应体现生产、生活、生态的全方位、多层面融合,努力实现各种功能布局动态平衡。

建设新型城市,要努力实现城市各类产业发展的动态平衡。产业发展能满足城市发展的基本需要,产业发展能支撑城市可持续发展。实现产业结构优化与城乡品质提升互促共进。新型城市应当是物质文明与精神文明的深度融合体。物质文明是城市运行和发展的基础,要顺应现代城市发展新理念新趋势，不断提升城市物质文明水平。努力建设数字城市、智慧城市、海绵城市和绿色城市。

建设新型城市，要努力促进城市物质文明与精神文明动态平衡。在加强中国特色社会主义文化建设的基础上，结合历史传承、区域文化、时代要求，形成独特的城市精神品格。努力把区域文化融入城市基础设施建设。深入挖掘区域优秀传统文化，努力实现城市优秀传统文化元素、自然文化特征与建筑设施的完美融合。保护好历史文化遗产和传统风貌。弘扬优秀传统文化，延续城市历史文脉，传承城市文化基因。

建设新型城市，要实现城市发展与城市治理相互促进、动态平衡。促进城市发展与城市治理动态平衡，关键在于创新思维、优化方式，推进城市治理体系和治理能力现代化。要深化城市治理体制改革，科学确定管理范围。要完善城市法规体系，依法规划、建设、治理城市。要优化调整城市治理思路，树立以市民为中心、为市民服务的思想，以维护和发展广大市民的共同利益为指向，抓住城市管理和服务这个重点，紧扣治理"城市病"，选择科学的治理方式，改变粗放的治理模式，让人民群众在城市生活得更方便、更舒心、更美好。

（《城市建设》杂志，2018年5月20日）

长江经济带将高质量发展

党的十九大报告提出,"以共抓大保护、不搞大开发为导向推动长江经济带发展"。

长江经济带是我国东西走向的经济大走廊,拥有宝贵的资源优势。推动长江经济带建设,既要保住青山绿水,又要实现经济效益。

日前,财政部印发《关于建立健全长江经济带生态补偿与保护长效机制的指导意见》,提出把实施重大生态修复工程作为推动长江经济带发展项目的优先选项,中央财政将加大对长江经济带防护林体系建设、水土流失及岩溶地区石漠化治理等工程的支持力度。

一段时间以来,长江流域主要城市纷纷出台政策,重点扶持"智能"产业。上海启动实施智能制造应用"十百千"工程、武汉瞄准打造"机器人之都"、合肥有我国唯一定位于人工智能领域的国家级产业基地……在科学技术迅猛发展的今天,人工智能已经成为驱动新科技革命和新工业革命的强大引擎,也是重塑区域竞争力的关键因素。

在长江经济带上,创新不单单表现为技术创新,还包含着体制机制的变革。长江经济带将产业链攀升、核心技术研发、关键零部件制造、高质量世界级产业集群建设等作为突破方向和发展重点。通过体制机制创新对现有发展布局、结构、体制进行调整。

处于长江这条巨龙的"龙腰"位置的武汉,是全国三大智力密集区之一。为加强科技成果转化,武汉设立了科技成果转化局,通过开放的管理模式，建设更多的科技成果转化"快速路"，争取 5 年内在汉高校院所科技成果本地转化占比达到 80%，努力将科教资源优势转化为发展优势和竞争胜势。

位于长江中游的长沙、合肥、南昌也在体制机制上创新，与武汉一起形成了长江中游城市群省会城市会商会制度，联手推动长江经济带高质量发展。

地处长江经济带重要位置的上海，着眼于"面向长三角、服务全国的高端商务中心"这一功能定位，在虹桥商务区一主四辅的开发格局中，核心区突出大交通、大会展、大商务三大功能和世界一流商务区发展定位，四大片区统筹发展。长三角地区的知名企业，依托上海和虹桥商务区的便利优势，获得更大的发展空间。近日，虹桥商务区两大功能性平台——"海外贸易中心"和"长三角国际贸易展示中心"正式宣布成立并启动全面招商。"海外贸易中心"将通过吸引一批知名或重要国际级和国家级海外贸易机构入驻，带动大量优质外企谋求虹桥商务区发展机遇、形成产业合力；"长三角国际贸易展示中心"将打造成为有高度服务功能的长三角贸易展示交易中心。

可以预见，产业的集群效应将带动长江经济带向更高质量发展。

（《城市建设》杂志，2018 年 4 月 25 日）

治污攻坚再接再厉

蓝天白云、绿水青山等优质生态产品的供给,还远不能满足我国居民日益增长的优美生态环境需要,打胜污染防治攻坚战,必须再接再厉,打得更精准、打得更有力。

随着大气污染防治行动的持续开展,很多地方$PM_{2.5}$浓度大幅下降,特别是京津冀等不少地区的蓝天白云近来明显增多了。大气、水、土壤污染防治行动虽然取得进展,但是当前各类环境问题依然突出,治污形势依然不容乐观,还远远没到可以松口气、歇歇脚的时候。

当前,我国生态环境保护仍滞后于经济社会发展,仍是全面建成小康社会的突出短板,仍是广大人民群众关注的焦点问题,蓝天白云、绿水青山等优质生态产品的供给,还远不能满足人民日益增长的优美生态环境需要。因此,党的十九大将污染防治,作为今后3年要重点抓好的决胜全面建成小康社会三大攻坚战之一。

打胜污染防治攻坚战,首先得打得更精准。污染防治既要治标,更要治本,而治本之策就是坚持绿色发展理念,努力推动高质量发展。只有进一步强化生态环境"硬杠杠",充分发挥生态环境保护在推进供给侧结构性改革、加快产业结构转型升级方面的"抓手"作用,不断推进经济发展方式转变、经济结构优化,主要污染物排放量才会大幅减少,环境质量才会根本改善。

打胜污染防治攻坚战,还要打得更有力。"大气十条"实施过程中,采取了一系列强有力举措层层压实责任、层层传导压力，这是其目标能够如期实现的重要原因。环保部对进度缓慢的 20 多个城市政府主要负责同志直接约谈；中央环保督察动真碰硬，破解难题；开展"2+26"城市大气污染防治强化督查，督查、交办、巡查、约谈、专项督察"五步法"成为撒手锏。污染防治攻坚战是非常艰难的，不可能一帆风顺，出大招，下狠手，才能闯关夺隘。

打胜污染防治攻坚战，迫切需要组建一支"集团军"。如今，党中央国务院领导重视、各部门各单位齐抓共管的治理格局初步建立，忽视生态环境保护的状况明显改变。不过，在当前的治污过程中，一些地方的环保部门有时仍然觉得势单力薄，甚至有单枪匹马上阵的感觉，其他部门往往缺乏积极主动参战的意愿，没有自觉成为治污攻坚战的主力军。这就需要通过改革生态环境监管体制、完善考核及追责制度等举措，来促使各地各部门各单位下更大决心、采取更扎实措施，切实扛起生态文明建设的政治责任。

今年年初，高质量发展成为地方两会关键词之一，地方政府淡化了 GDP 增长目标，更加重视生态环境保护等体现发展质量的指标。在全国两会上，污染防治攻坚战成为一个重要议题，下一步的污染防治攻坚战令人瞩目，值得期待。

（《城市建设》杂志，2018 年 4 月 15 日）

为国务院机构改革点赞

让人民满意，是服务型政府的本质，是机构改革的最终目标。这次国务院机构改革方案，对国务院组成部门和其他机构进行了较大幅度的调整，优化了机构设置和职能配置，理顺了职责关系。对建设人民满意的服务型政府，更好满足人民日益增长的美好生活需要，更好地推动经济全面发展、社会全面进步具有重大意义。

纵观国务院机构改革方案，一个突出特点就是着眼于加强重点领域民生工作，体现了坚持以人民为中心这一重要原则，紧扣民生热点、焦点、难点，是想群众之所想，急群众之所急，办群众之所需的一次重要改革。

这次国务院机构改革方案针对性非常强，坚持问题导向，针对重点领域，把机构职能设置存在的问题有针对性地进行了研究分析，并作出相应调整。这也是贯彻落实党的十九大精神的体现。

国务院机构改革方案提出组建国家卫生健康委员会，把其他部委一些有关卫生健康的职能进行整合，有利于协调推进深化医药卫生体制改革。原来医保分成好几块管理。现在，城镇职工和城镇居民基本医疗保险、新型农村合作医疗、医疗救助等多种职责都整合到了一起。原来是多头管理，影响效率，现在一个部门则更好协调，有利于统筹推进医疗、医保、医药"三医"联动改革。

国务院机构改革方案，明确重新组建国家知识产权局，彻底改变"九龙治水"、政出多门的知识产权分散管理模式。这是中央深改组多年推进、多方试点、积极探索的改革硕果之一。国务院机构改革方案还整合长期分散在环保部等多个机构的生态环境保护职责，组建生态环境部，统一行使生态和城乡各类污染排放监管与行政执法职责，加强环境污染治理。根据方案，改革后国务院设置组成部门将调整为 26 个，国务院正部级机构减少 8 个，副部级机构减少 7 个。

国务院机构改革，是对机构职能体系的优化，增强了整体性和系统性，对加快政府职能转变，提高行政效能，转变工作作风，包括推进廉政建设都非常有意义。

国务院机构改革着眼于建设服务型政府，加强和完善政府在经济调节、市场监管、社会管理、公共服务、生态环境保护等方面的职能，优化机构设置和职能配置，理顺职责关系。最终，构建起职责明确、依法行政的政府治理体系，提高政府的执行力，充分激活市场活力。

国务院机构改革涉及中央与地方、部门和区域之间的多重关系，要按照中央统一部署和要求，结合当地发展实际，合理设置和配置各级机构及其职能，加强和完善政府经济调节、市场监管、社会管理、公共服务、生态环境保护等职能。

国务院机构改革方案同时为下一步地方机构改革提供了很好思路，方案体现出的很多原则性内容，比如继续深化改革、有利于高质量发展、有利于市场在资源配置中起决定性作用、有利于保障和改善民生等。在这些思路指导下，地方政府改革的积极性将会得到极大发挥。

(《城市建设》杂志，2018 年 3 月 25 日)

创新驱动发展 助推城乡建设

　　创新是引领发展的第一动力，是建设现代化经济体系的重要战略支撑。国务院总理李克强3月5日在作政府工作报告时提及，全社会研发投入年均增长11%，规模跃居世界第二位。科技进步贡献率由52.2%提高到57.5%。载人航天、深海探测、量子通信、大飞机等重大创新成果不断涌现。高铁网络、电子商务、移动支付、共享经济等引领世界潮流。

　　创新驱动发展，俨然成为推进国民经济全面发展的关键，成为助推城乡建设的关键。

　　科技创新深刻改变城乡生产生活方式。近年来，蛟龙、天眼、悟空、墨子、慧眼、大飞机等一大批代表性重大科技创新成果相继涌现，不断刷新公众的科技感知力。量子调控、铁基超导、合成生物学步入世界领先行列，持续增进城乡民众的科技自豪感。

　　五年来，由跟跑为主转向更多领域并跑、领跑，我国科技创新能力显著提升，科技创新水平加速迈向国际第一方阵。

　　中国在未来20年到50年间，人工智能应该是发展的重要推动力之一。人工智能将在很多领域带来非常不一样的体验，未来3到5年，无人驾驶汽车会行驶在城市完全开放道路上。"复兴号"高铁会奔驰在祖国广袤的大地上。

　　快速崛起的新动能，正在重塑经济增长格局，深刻改变城乡生产生活方式，成为中国创新发展的新标志。政府工作报告明确指出，要加强国家创新体系建设。强化基础研究和应用基础研究，启动一批科技创新重大项目，高标准建设国家实验室。鼓励企业牵头实施重大科技项目，支持科研院所、高校与企业融通创新，加快创新成果转化应用。

我国实施创新驱动发展战略以来，创新能力不断提升，正在从跟跑为主转向跟跑、并跑和领跑并存。随着供给侧结构性改革的推进，创新对经济结构调整和经济增长的带动作用明显增强。近年来，尽管GDP增长速度放缓，但新经济等领域快速发展，远超经济增长。

现如今，互联网已经变成了人们的购物管家。电商的兴起，除了让城乡民众购物变得更加方便快捷，也给贫困乡村脱贫致富打开了一条新通路。

政府工作报告详细总结了中国在脱贫攻坚方面取得的巨大成就，但距离2020年全面小康还有一定距离，这需要我们要有啃硬骨头的精神，有开创性的举措，并与乡村振兴结合，整合政府、社会和企业的资源，激发贫困人群自身的力量，共同攻坚克难。

目前，苏宁已经探索出一条以"农户+企业+基地+电商"的O2O双线"造血式"扶贫路径，以832个国家级贫困县为扶贫主体，依托农村电商学院等载体，打造了"六位一体"的电商扶贫模式。电商的加入可以帮助农民提高收入，促进农村经济发展。

（中国城市建设网，2018年4月2日）

呵护生态 人人有责

以习近平总书记为核心的党中央坚定不移推进生态文明建设，决心之大、力度之大、成效之大前所未有，全党全国贯彻绿色发展理念的自觉性和主动性显著增强。

中央经济工作会议指出，加快推进生态文明建设。只有恢复绿水青山，才能使绿水青山变成金山银山。要实施好"十三五"规划确定的生态保护修复重大工程。启动大规模国土绿化行动，引导国企、民企、外企、集体、个人、社会组织等各方面资金投入，培育一批专门从事生态保护修复的专业化企业。深入实施"水十条"，全面实施"十十条"。加快生态文明体制改革，健全自然资源资产产权制度，研究建立市场化、多元化生态补偿机制。

近年来，蓝天在增多，河流在变清，绿色在扩展，生态环境状况明显好转，清新空气、青山绿水等优质生态产品越来越多，人民群众的"蓝天幸福感"不断提升。

党中央、国务院印发的《生态文明体制改革总体方案》，明确了亟待构建的"四梁八柱"。改革多点突破、纵深推进，一批标志性、支柱性的改革举措陆续出台。

越来越多的人认识到，绿色发展前景宽广。生态人人共享，生态人人共建，在生态文明建设事业面前，每个人都承担着不可推卸的责任。

生态文明建设的责任，是我们对自己的责任，更是我们对子孙后代的责任。没有人愿意在充满粉尘的空气中呼吸，更没有人希望我们的后代在恶劣的生存环境中挣扎。每一代人在满足自身发展需要的同时，都不应该以牺牲后人的利益为代价。

生态危机的产生，很大程度上应归咎于人们没有节制的生产、生活方式。如果每天消耗大量宝贵的生态资源，定会增加我们对后代的太多"生态欠账"。

保护生态，要从我们每个人自身做起，从科学合理的消费方式做起，节约每一滴水、每一张纸、每一度电；按需消费、适度消费、绿色消费；从爱护身边环境做起，保护自然、减少垃圾、减少污染。做好这些力所能及的事，就是为生态文明建设贡献力量，就是为我们的子孙后代留存宝贵的生存空间。

生态文明建设的责任，是我们对社会文明进步的责任。从更深层次看，保护生态已经超越了单纯的节约资源、保护环境等问题，已上升到建设生态文明、推进社会发展的高度。

建设生态文明，实现美丽中国，既是攻坚战，也是持久战。党的十九大擘画了生态文明建设新图景，在以习近平同志为核心的党中央坚强领导下，全党全社会合力推促人与自然和谐共生，一定能创造一个又一个绿色奇迹，以更多的优质生态产品满足人民群众新的需要，滋养中华民族永续发展、生生不息。

（中国城市建设网，2018年3月16日）

让城市交通更绿色更低碳

交通部发布的《关于全面深入推进绿色交通发展的意见》（以下简称《意见》）要求，未来城市居民的出行要更绿色、低碳。

《意见》明确提出了绿色交通发展的一系列目标，如"大中城市中心城区绿色出行比例达到 70% 及以上""港口生产单位吞吐量综合能耗比 2015 年降低 2%"等。

《意见》从顶层设计入手，绘就了绿色交通未来发展蓝图，设定绿色交通发展的近远期目标。到 2020 年，初步建成布局科学、生态友好、清洁低碳、集约高效的绿色交通运输体系。交通部将着力实施运输结构优化、组织创新、绿色出行、资源集约、装备升级、污染防治、生态保护七项重大工程，加快构建绿色发展制度标准、科技创新和监督管理三大制度体系。

《意见》明确提出，要深入实施公交优先战略，进一步提升公交、地铁等绿色低碳出行方式比重。明确提出鼓励和引导城市公交运营主体大力推动城市公交一卡通互联互通，加快推广移动支付等非现金支付技术在城市公交领域的应用。北京、上海、深圳、广州、昆明等城市先后推出不同形式的"刷手机"坐公交地铁的服务。北京地铁与支付宝和京东合作，试行二维码支付扫码乘车；广州地铁乘客可通过银联手机闪付快速过闸，无需购票，无需扫码。随着手机支付在公交领域的普及，将大大提高公共交通效率，乘客出行更便捷。

2016年出现街头的共享单车,以全新的商业形态让"自行车王国"重新展现,大大改变了民众最后一公里的出行,成为了国人生活的一部分。据交通运输部不完全统计,截至去年7月,共享单车累计投放超1600万辆。

随着自行车回归城市,北京等许多城市在逐步完善自行车道和相关设施。部分城市建成或计划建设禁止机动车、电动车和行人通行的自行车专用道。2017年一季度,全国首条、世界最长的空中自行车道——厦门云顶路自行车专用道示范段开始试运行;北京"回龙观至上地6.4公里自行车专用道"预计今年下半年完工通车,将成为北京首条自行车"高速"路;广州正在研究确定自行车专用道网路布局;绍兴市准备建153公里的自行车专用道。

《意见》鼓励汽车租赁业网络化、规模化发展,依托机场、火车站等客运枢纽发展"落地租车"服务,促进分时租赁创新发展。交通部、住建部联合发布的《关于促进小微型客车租赁健康发展的指导意见》鼓励共享汽车发展,探索通过优惠城市路内停车费等措施,推动租赁车辆在依法划设的城市路内停车泊位停放。中国未来10年共享汽车数量将保持45%的年复合增长率,2025年分时租赁汽车数量将达60万辆。

(中国城市建设网,2018年3月9日)

创新让生活更美好

党的十九大报告明确指出,发展不平衡不充分,已经成为满足人民日益增长的美好生活需要的主要制约因素。这说明要更好满足人民日益增长的美好生活需要,就要紧紧扣住"发展不平衡不充分",着力破解之。

破解"发展不平衡不充分",就要大力提升发展质量和效益。这是事关全局的长期任务,其中最主要的抓手,就是用创新引领发展。

众所周知,依托网络这一技术与商业模式重大创新,中国此前长期被抑制的消费需求大幅释放,有预测称,今年中国零售业销售额有望首次超过美国,成为全球最大消费市场。

中国网络购物额占社会零售总额的比重已经超过15%(美国为8%),2009年以来年化增长率高达50%左右(美国为15%左右)。这种跨越式的快速发展,成功的奥秘即在于其用线上方式有效促进了市场统一,并且在线下极大地推动了不同地域均衡发展。随着网购的兴起,十几年前还基本只能覆盖一二线城市城区的快递业,如今已基本上覆盖了国内所有人口密集区。

成功的创新往往具有事先无法估量的扩散效应。网购的兴起,带动一大批相关行业发展,如传统零售、物流、IT、通信、金融、商业地产等,其中由其直接催生出的网络支付,以及由网络支付催生出的共享单车。

创新既包括技术创新,也包括理念、制度、机制创新。创新活动的多元化、系统化、合成化,将更大程度地有利于其破解"发展不平衡不充分",让人民生活更美好。

创新不是孤立的变量。大规模的持续创新,必然是包括技术、理念、制度、机制等一系列创新系统耦合引致的结果。而这一普遍性规律结合中国"新兴加转轨"的特殊国情,尤其凸显出创新对美好生活的先决性。

党的十九大报告指出,进入新时代,人民对美好生活的需要日益广泛,不仅对物质文化生活提出了更高要求,而且在民主、法治、公平、正义、安全、环境等方面的要求日益增长。

此前中国社科院曾有研究认为,由于经济与社会发展不协调,中国目前的社会发展比经济发展落后约15年。相比经济发展,社会发展的任务更为艰巨,因为后者的任务诉求更为多元,其中很多诉求甚至时常相互冲突,因此,这就更需要通过认真的制度创新,激发全社会发展活力与创造力,不断谱写人民美好生活新篇章。

(中国城市建设网,2018年3月2日)

让人民生活更加幸福安康

　　截至2017年末,中国城镇化率达58.52%,城镇人口达8.1亿人,城市数量达661个,城市基础设施显著改善,城市公共服务水平明显提高,城市功能不断完善。城市发展带动了整个经济社会发展,2017年中国国内生产总值同比增长6.9%,达82.7万亿元。中国不仅解决了13亿人的温饱问题,还在努力解决人们的住房问题。2016年,中国城镇居民人均住房建筑面积达36.6平方米,农村人均住房建筑面积达45.8平方米。

　　中国城镇化快速发展的过程中,城镇化发展不平衡不充分的问题依然存在,可持续发展的任务依然艰巨。党的十九大确立了习近平新时代中国特色社会主义思想,确定了决胜全面建成小康社会、开启全面建设社会主义现代化国家新征程的目标。中国将继续坚持"创新、协调、绿色、开放、共享"五大发展理念,坚定走生产发展、生活富裕、生态优良的文明发展道路,让人民享有更加幸福安康的生活。

　　一是提升城市规划水平,科学谋划城市发展蓝图。把以人为本、尊重自然、传承历史、绿色低碳等理念融入城市规划全过程,充分发挥规划对城市发展的战略引领和刚性管控作用。深入推进以人为核心的新型城镇化,坚持城乡统筹全域覆盖,划定生态控制线和城镇开发边界,促进大中小城市和小城镇合理分工、功能互补、协同发展。

　　二是提升城市建设水平,筑牢城市发展硬件基础。把生态文明建设摆在城市工作的突出地位,按照绿色循环低碳等可持续发展理念规划建设城市交通、能源、供水、供热、污水、垃圾处理等基础设施，提高城市基础设施建设的系统性。全面推进海绵城市建设，因地制宜推进城市地下综合管廊建设，着力推进老旧小区改造，全面推动城市生态修复和城市修补。大力发展绿色建筑，推进建筑节能，推动形成绿色发展方式和生活方式，努力把城市建设成为人与人、人与自然和谐共处的美丽家园。

三是提升城市管理水平，全面增强城市软实力。加强城市管理和服务体系智能化建设，推进大数据、物联网、云计算等现代信息技术与城市管理服务融合，促进城市治理体系和治理能力现代化。保障城市安全，形成全天候、系统性、现代化的城市运行安全保障体系。坚持以人民为中心的发展思想，尊重市民对城市发展决策的知情权、参与权、监督权，鼓励企业和市民通过各种方式参与城市建设、管理，推动共谋共建共管共评共享，形成多方参与、良性互动的现代城市管理格局。

（中国城市建设网，2018年2月23日）

城市建设与民生

城市建设作为政府实施社会建设的一个重要抓手,与人民群众息息相关。而民生问题事关民众生计,"人民对美好生活的向往,就是我们的奋斗目标""我们党和政府做一切工作出发点、落脚点都是让人民过上好日子""必须多谋民生之利、多解民生之忧"……以习近平同志为总书记的党中央把解决好人民群众最关心、最直接、最现实的民生问题摆在重中之重。

民生,是一个复杂的概念,几乎涉及与居民有关的所有问题。而且随着经济社会的发展和变化,包含的范围越来越广泛。民生问题,不仅是社会问题和经济问题,也是一个政治问题。

党的十九大之后,民生有了更加实在的赋予,幸福正成为更加具体的获得,保障正一步步更加落实。

民生保障是一种制度保障。中国城市建设与发展要从"中等收入"进入"中等发达"水平,民生标准是一个必须逾越的门槛。民生城市建设,要通过政府、企业、社会团体、公众的共同参与,扶危助困,尊老携弱,充分体现社会主义制度的优越性和社会主义文明精髓。

在城市建设上,政府是主导者,也是实施者。让城市整洁亮丽起来,营造一个有利于经济、文化发展的良好环境应该成为最基本的政府职能。城市建设是一项动态性、反复性很强的工作,政府有责任从多方面关注民生,为市民营造一个安居乐业、优美整洁、井然有序的社会环境。城市建设在城市经济社会发展中起着基础性的作用，它对城市基础设施、公共服务设施和社会公共事务依法进行管理，为城市经济社会发展创造良好的外部环境。

保障和改善城市民生，要坚持民生导向，围绕城市建设新形势、改革发展新要求、人民群众新期盼，将政策的着力点放在人民群众最关心的热点、难点问题上，急人民群众所急，想人民群众所想，切实把各项工作落到实处，抓出成效。民生乃城市和谐之本，我们要把民生摆在首位，让人民有更加美好的生活。既要夯实民生底线、保障基本民生，也要努力打造品质民生，提供更多优质的卫生、医疗、教育、文化、生态等高等级公共服务供给。

城市建设既要注重统筹布局的全面性，也要注重发展的层次性，以不同层次群体的实际需求为工作出发点和落脚点，以更前瞻的眼光出台更科学、更人性化的举措，让每一位市民都拥有更便捷的服务、更绿色的生活环境、更高的生活品质、更好的生活体验。

城市建设为了人民，城市建设依靠人民。因此，我们要坚持民生为先、民生为重、民生为本，怀着深厚感情和满腔热情，把惠及民生的事情做实做深做细，努力让人民群众过上更加幸福美好的生活。

（中国城市建设网，2018年2月15日）

一哄而起不是发展特色小镇的科学之举

特色小城镇是经济转型升级、新型城镇化建设的重要载体，在推进供给侧结构性改革、生态文明建设、城乡协调发展等方面发挥着重要作用。2016年7月，住建部、国家发改委、财政部联合发出《关于开展特色小镇培育工作的通知》，计划到2020年争取培育约1 000个各具特色、富有活力的特色小镇。同年10月11日，住建部公布了第一批中国特色小镇名单，共有127个小镇入选。2017年的政府工作报告要求，要扎实推进新型城镇化，注意发挥城市群辐射带动作用；支持中小城市和特色小城镇发展。

目前，全国已掀起建设特色小镇的热潮，多点布局、各具特色、产城融合的特色小镇发展已经受到不少社会资本的青睐。大部分省份已明确了培育目标和支持政策，组织编制了规划，稳步有序推进特色小镇建设工作。

然而，在我国建设特色小镇毕竟是个新事物，一些地方在探索和推进的过程中，发展理念、规划路径、政策协调、体制机制转变等方面都存在一些盲区和难点，亟待重视和破解。需要特别指出的是，特色小镇的经济组织呈现出非常复杂的结构，这种结构是主体变异性、主动适应性的相互作用，因此建设特色小镇要防止一哄而起。

政府要激励企业去创立特色小镇，而不是取代，更不能取代企业家的功能；政府对建设特色小镇应该是简政放权，而不能专权繁政；政府应该是为特色小镇护航,排除一些利益集团和旧体制的干扰,而不是包办取代;政府要对特色小城镇科学评估,在此基础上进行奖励。

特色小镇的布点要优先选择在大城市、特大城市周边一小时生活圈内,接受城市二三产业的扩散、辐射和带动,一定要形成大中小城市合理布局城市群。

特色小镇建设重在产业。特色小城镇建设要坚持从实际情况出发,围绕一个核心产业和产品,要吸引相关的产品和科研机构进入,通过分工协作、技术创新和经营模式的创新,努力做到全国第一、世界领先,要避免千镇一面、东施效颦,要选择具有一定优势的企业、产业和产品,通过特色小镇建设,形成更好的配套条件和更大的发展空间,从而创造出新的竞争优势。

特色小镇建设需要政府和社会资本合作,通过财政基金的引导吸引民间资金进入特色小镇建设。引入PPP模式,将特色小镇的规划、管理等交给统一的运营商,政府负责总体的监督,有效提升综合管理的效率,有助于突破治理瓶颈。

(《城市建设》杂志,2018年3月15日)

推进粤港澳大湾区协同发展

党的十九大报告指出,香港、澳门发展同内地发展紧密相连。要支持香港、澳门融入国家发展大局,以粤港澳大湾区建设、粤港澳合作、泛珠三角区域合作等为重点,全面推进内地同香港、澳门互利合作,制定完善便利香港、澳门居民在内地发展的政策措施。中央经济工作会议提出,要"科学规划粤港澳大湾区建设"。

粤港澳大湾区建设的关键是要实现互利合作、协同发展,推动各城市、各区域各展所长,从各有精彩到共造繁荣,共同打造世界一流的湾区城市群。

大湾区内各城市有不同的资源优势与功能定位,协同互补的空间巨大。应整合各方资源禀赋与产业优势,构建多层次、多元化的城市分工协作体制,打造产业有效衔接、有序协调的产业网络组织体系,推动区域联动发展。

大湾区要想集聚更多优质人才,需要缩小区域差异、突破人才流动限制、推动人才协同发展,重点要联合培养人才、加强人才交流合作、保障人才自由流动。应进一步营造更加开放、自由、包容、和谐的社会文化环境,打造宜业宜居的优质生活圈,吸引更多国际化、复合型人才向湾区集聚。

金融活则经济活,金融"活水"能为粤港澳大湾区协同发展带来活力。应从"金融＋贸易""金融＋科技""金融＋制造业"等多个维度加快大湾区金融市场双向开放与金融要素的深度融通，推动粤港澳金融机构合作、金融市场互联、金融基建互通、金融人才互动，提高区域资本市场的兼容性，健全资金融通保障机制与金融风险管控机制。

创新合作是大湾区协同发展的关键点。应打通区域内部阻碍创新要素合理流动、创新资源合理配置、创新功能互补协作的障碍，激活调动各类创新创业主体的潜力；以产学研的深度合作为着力点，促进知识创新与技术创新紧密结合，推动科技成果与产业需求有效对接，提高技术成果转化率，提升区域整体创新效率和创新能力，加快培育具有全球影响力的湾区核心技术、品牌优势和商业模式。

开放互动是大湾区协同发展的理念，也是打造国际一流湾区的推进器。应将粤港澳大湾区建设融入"一带一路"建设中，发挥大湾区内外联动、海陆统筹的重要支点和枢纽作用，引领区内各地区协同开放，进一步提升大湾区国际化水平。

基础设施的互联互通是推进大湾区协同发展的重要前提。应统筹规划区域交通系统，综合考虑重大交通基础设施建设、管理模式、线网走向，优化高速公路、铁路、城市轨道与内河航道等交通网络的布局；以港珠澳大桥为主要连接通道，推进交通、边检、口岸、信息通讯等设施的一体化建设，要发挥多港联动效应，完善大湾区海港群与空港群建设，扩展国际业务职能并扩大其辐射范围，将大湾区建设成为世界级海港枢纽和全球航运中心。

（中国城市建设网，2018年2月2日）

为西藏生态文明建设点赞

党的十八大报告提出,面对资源约束趋紧、环境污染严重、生态系统退化的严峻形势,必须树立尊重自然、顺应自然、保护自然的生态文明理念,把生态文明建设放在突出地位,融入经济建设、政治建设、文化建设、社会建设各方面和全过程,努力建设美丽中国,实现中华民族永续发展。

党的十九大报告号召全党全国人民,"为把我国建设成为富强民主文明和谐美丽的社会主义现代化强国而奋斗"。

党的十八大以来,以习近平同志为核心的党中央站在实现中华民族伟大复兴、增进人民福祉的战略高度,高度重视青藏高原生态保护。习近平总书记发表了一系列重要讲话,作出了一系列重要指示,对保护好青藏高原和西藏的生态环境指明了前进方向,为确保"世界上最后一方净土"的良好生态环境提供了行动指南和根本遵循。

生态文明是人类社会文明的高级状态,不是单纯的节能减排、保护环境的问题,而是要融入经济建设、政治建设、文化建设、社会建设各方面和全过程。要把生态环境保护放在更加突出位置,像保护眼睛一样保护生态环境,像对待生命一样对待生态环境,要算大账、算长远账,坚持生态保护第一,绝不能以牺牲生态环境为代价发展经济。

西藏自治区党委、政府牢固树立保护生态环境就是保护生产力的理念,坚持生态保护第一,坚持走保护优先、建设并重的路子,坚定不移建设美丽西藏。

党的十八大以来,西藏的生态文明建设与环境保护作为西藏现代化建设的一项重要内容,与经济发展、社会进步、人民生活的提高同步推进,取得了重大成就。

西藏自治区党委、政府相继出台了《关于建设美丽西藏的意见》和《关于着力构筑国家重要生态安全屏障加快推进生态文明建设的实施意见》等,对构筑国家生态安全屏障、建设美丽西藏,起到了重要作用。

西藏自治区第九次党代会明确提出:"绿水青山就是金山银山、冰天雪地也是金山银山",正确处理保护生态和富民利民的关系,确保西藏青山常在、绿水长流、空气常新。

中国科学院发布的《西藏生态安全屏障保护与建设工程(2008-2014年)建设成效评估》显示西藏生态安全屏障工程实施开局良好,高原生态系统整体上处于稳定状态,重点工程区的生态效益已经开始展现,国家生态安全屏障得到有效维持,至2030年屏障工程完成之后,将能够基本实现"有效保护、成功治理、稳定向好、生态安全"的目标。

中国科学院青藏高原研究所在2015年西藏高原环境变化评估报告中从气候、水体、生态系统、陆表环境、人类活动影响等六个方面,综合评估了从过去2 000年到未来100年高原环境的变化。报告中指出,西藏仍然是生态环境最良好的地方之一。

西藏自治区党委、政府始终遵循经济规律、社会规律和自然规律,注重经济、社会、生态的和谐统一,切实保护了雪域高原的一草一木、山山水水,值得点赞。

(《城市建设》杂志,2018年1月25日)

城市管理要"以民为本"

城市是市民的城市,是市民共同生活的家园,是市民活动和发展的中心。城市管理必须赢得市民的支持和理解。但是,不少城市在管理过程中过于注重城市形象,缺少同市民的沟通,忽视了市民的权利,少了人文关怀。

如何有效地治理城市,是对城市管理者智慧和能力的考验。城市治理乃是运用政治、经济、社会和行政多种手段管理一个城市的公共事务,解决公共问题,提供公共服务,从而最大限度地实现公共利益和市民福祉。

法国著名城市地理学家菲利普·潘什梅尔认为,"城市既是一个景观,一片经济空间,一种人口密度,也是一个生活中心和劳动中心,具体点说,也可能是一种气氛,一种特征或者一个灵魂。"这句话意蕴丰富,包含着"城市即人文精神"之思想。

不同人群集聚,是城市之所以成为城市的基础,也是城市繁荣度、生命力的体现。城市治理的人文关怀,既要求城市对来自不同地域、不同语言、不同文化背景、不同价值观的人群充分接纳,也要求城市不断满足市民日益增长的生存和发展的要求,更要求城市让不同群体,特别是弱势群体能够分享城市发展成果。

在城市治理中,政府部门要树立生态系统观,重视作为"物"的城市空间与作为"人"的城市使用者之间的有机关联,重视在城市中各社会群体的有机关联，让城市成为一个温馨的家园。

在城市治理中，政府部门要坚持"生命至上、安全至上"理念。城市治理绩效的最终评判者是城市市民，要以市民满意不满意作为评价城市治理成果的标准。加入"人文关怀"，城市管理和城市安全的政策施展就更易被市民所接受。

在城市治理中，要探索各部门、各层级之间的联动方式，建立城市系统治理的长效机制，变单项治理为综合治理，变"运动式治理"为常规化治理，变单打为多部门联动，变"刚性管理"为"柔性治理"。倡导多元共治，拓宽社会参与空间。

在城市治理中，城市治理的水平，往往体现在城市治理的气质和取向上。要拓宽社会参与的主体范围，不仅包括长期居住的户籍人口，还包括大量为城市服务的流动人口。在治理方式上，要推动城市治理重心向基层下移，切实加强社区组织建设，培育公众主体性。

做好新时代的城市工作，要坚持"以民为本"，坚持"人民城市为人民"，让城市的规划建设管理更加科学、更加理性、更加符合市民的期盼和要求，让市民在城市生活得更方便、更安全、更舒心、更美好。

（中国城市建设网，2018年1月19日）

城市发展的永恒主题
——学习、贯彻《关于推进城市安全发展的意见》

中共中央办公厅、国务院办公厅近日印发《关于推进城市安全发展的意见》(以下简称《意见》),要求促进建立以安全生产为基础的综合性、全方位、系统化的城市安全发展体系,全面提高城市安全保障水平。

根据《意见》,到 2020 年,将建成一批与全面建成小康社会目标相适应的安全发展示范城市;到 2035 年,将建成与基本实现社会主义现代化相适应的安全发展城市;持续推进形成系统性、现代化的城市安全保障体系,加快建成以中心城区为基础,带动周边、辐射县乡、惠及民生的安全发展型城市。

我们要以对党和人民高度负责的精神,认真学习、贯彻《意见》精神,秉持安全发展观的科学理念,统筹发展战略,把安全作为每个城市发展的永恒主题。只有把安全作为城市建设的永恒主题,才能在科学发展中拥有竞争力,才能为特色社会主义建设保驾护航,才能拥有更多世界公认的安全发展大都市,才能让城市发展不断地造福于民。

按照《意见》精神,必须要严密细致制定城市经济社会发展总体规划及城市规划、城市综合防灾减灾规划等专项规划,居民生活区、商业区、经济技术开发区、工业园区、港区以及其他功能区的空间布局要以安全为前提;加强城市棚户区、城中村和危房改造过程中的安全监督管理,严格治理城市建成区违法建设;完善高危行业企业退城入园、搬迁改造和退出转产扶持奖励政策。

按照《意见》精神，必须要建立城市安全风险信息管理平台，建立大客流监测预警和应急管控处置机制；加强广告牌、灯箱和楼房外墙附着物管理，严防倒塌和坠落事故；加强老旧城区火灾隐患排查，推行高层建筑消防安全经理人或楼长制度，建立自我管理机制。

按照《意见》精神，必须要全面落实城市各级党委和政府对本地区安全生产工作的领导责任、党政主要负责人第一责任人的责任，加强负有安全生产监督管理职责部门之间的工作衔接；充分运用移动执法终端、电子案卷等手段提高执法效能，完善执法人员岗位责任制和考核机制。

按照《意见》精神，必须要将生产经营过程中极易导致生产安全事故的违法行为纳入安全生产领域严重失信联合惩戒"黑名单"管理，完善城市社区安全网格化工作体系；同时国务院安全生产委员会将负责制定安全发展示范城市评价与管理办法，拟定命名或撤销命名"国家安全发展示范城市"名单。

(中国城市建设网，2018年1月12日)

打造城市品牌

我国"十三五"规划纲要提出,转变城市发展方式,提高城市治理能力,加大"城市病"防治力度,不断提升城市环境质量、居民生活质量和城市竞争力,努力打造和谐宜居、富有活力、各具特色的城市。

中国城市从总体上讲正进入一个品牌价值时代。宜居成为城市发展最核心价值;一线城市品牌价值提升速度加快;沿海和内地城市品牌价值的差距正在缩小;经济发展水平对城市品牌价值的支撑进一步加强;重大体育、文化节庆活动对城市品牌价值提升影响较大;新常态的经济形势下,对于城市品牌的发展与创新,提出了新的要求,城市的可持续发展与区域经济创新与转型,将成为城市品牌新的诉求点。

城市发展是一个自然历史过程,有其自身规律,必须认识、尊重、顺应城市发展规律,端正城市发展指导思想,切实做好城市工作。

城市品牌是现代化城市发展的"发动机、助推器",城市品牌等同于城市声誉,是城市的无形资产。

打造城市品牌必须综合考虑城市的历史和未来及城市的各方面发展,通过品牌把城市核心竞争力展现出来,助推中国城市的转型,最终实现国家生态之城、文明之城、智慧之城的目标。

当前,全国许多城市都开始探索城市品牌化的发展道路,但究竟如何去建立一个城市品牌?

城市品牌应着重从整体品牌和旅游品牌进行建设。整体品牌是对某一地理位置的政治、经济、人文、自然等多方面的综合，提炼出城市品牌核心，并以之对全体品牌受众进行品牌体验管理。旅游品牌从功能角度出发，为某区域的旅游产业发展战略服务，通过发掘一个地区自然风光、人文风俗的独特吸引力，进而对旅游业经营者、游客的整体体验进行管理。

确定一个城市品牌之前必须要了解外界是如何看待评价这个城市的，着眼本地区资源优势、未来发展、市民意向和政府部门的城市发展规划，最重要的是在外界形成某种城市形象，形成受众对城市品牌的深刻印象。

一个城市的自然优势、产业优势、社会文化优势，是城市品牌定位的基础。推广一个城市品牌实质上是传承一座城市的文化和精神，塑造城市品牌应该从城市文化定位入手，使城市文化与城市品牌在文化内涵上统一起来，城市文化是内在的、含蓄的，要提炼城市文化的精髓，并将之升华到城市理念，以此为指导通过城市文化的各种表现要素和营销手段来构建城市品牌，它能让一个城市"活"起来，"生动"起来，"形象"起来，"亲切"起来，从而吸引人们的眼光和关注，让人们重新认识城市，了解城市，既提高了城市知名度，打响了城市品牌，还能吸引人才，繁荣经济。

对一个城市来说，城市文化包括城市的历史文化、文化产品、精神风貌，还有市民的思维方式、生活方式、价值准则、消费心理、饮食习惯等，这些需要以城市品牌为核心有机整合起来，对有利于塑造城市品牌的文化资源要积极利用，充分发挥资源的价值。

打造城市品牌，还需要具有代表性的、独一无二的、高度识别性的、饱含城市文化精神的"雕塑"的建设工程，以彰显城市品牌个性。

(《城市建设》杂志，2018年2月25日)

第四章

二〇一七年十二月至
二〇一七年四月

区域合作

喜迎二〇一八

在全国人民认真学习贯彻十九大精神的热潮中，即将迎来二〇一八年。辞旧迎新，我们万分激动，充满信心。

党的十八大以来，党中央正确决策，使我国经济发展取得历史性成就、发生历史性变革。我国经济实力再上新台阶，成为世界经济增长的主要动力源和稳定器，对全球经济发展的影响力大幅度提升。

特别是党中央在生态文明建设方面，决心之大、力度之大、成效之大前所未有，生态环境状况明显好转，人民获得感、幸福感明显增强。

在即将过去的2017年，我们按照"五位一体"总体布局和"四个全面"战略布局，以创新、协调、绿色、开放、共享的发展理念，坚持走以人为本、四化同步、优化布局、生态文明、文化传承的中国特色新型城镇化道路。

在即将过去的2017年，我们以人的城镇化为核心，以提高质量为关键，以体制机制改革为动力，紧紧围绕新型城镇化目标任务，加快推进户籍制度改革，提升城市综合承载能力，制定完善土地、财政、投融资等配套政策。以城市群为主体构建大中小城市和小城镇协调发展的城镇格局，充分释放新型城镇化蕴藏的巨大内需潜力，为经济持续健康发展提供持久强劲动力。

2018年是贯彻党的十九大精神的开局之年，是改革开放40周年，是决胜全面建成小康社会、实施"十三五"规划承上启下的关键一年。

在新的一年里，我们要全面贯彻党的十九大精神，以习近平新时代中国特色社会主义思想为指导,坚持新发展理念,紧扣我国社会主要矛盾变化,按照高质量发展的要求,统筹推进"五位一体"总体布局和协调推进"四个全面"战略布局,坚持以供给侧结构性改革为主线,统筹推进稳增长、促改革、调结构、惠民生、防风险各项工作。

在新的一年里,我们要大力推进改革开放,创新和完善宏观调控,推动质量变革、效率变革、动力变革,打好防范化解重大风险、精准脱贫、污染防治、区域协调发展的攻坚战。

在新的一年里,我们要加强预期引导,推动形成全面开放新格局,提高保障和改善民生水平,加快住房制度改革和长效机制建设,提供更多优质生态产品。

在新的一年里,我们要认识、尊重、顺应城市发展规律,更好发挥法治的引领和规范作用,依法规划、建设和管理城市,着力创新城市管理服务和城市治理方式。加强和改善民生,促进经济社会持续健康发展,脚踏实地推进各项工作。

在新的一年里,我们要以城市群为主体构建大中小城市和小城镇协调发展的城镇格局,这是以习近平总书记为核心的中国共产党作出的重大历史性抉择,是新时代中国特色社会主义城镇化的使命和方向。

(中国城市建设网,2017年12月29日)

树立生态文明建设新理念

党的十八大报告提出,面对资源约束趋紧、环境污染严重、生态系统退化的严峻形势,必须树立尊重自然、顺应自然、保护自然的生态文明理念,把生态文明建设放在突出地位,融入经济建设、政治建设、文化建设、社会建设各方面和全过程,努力建设美丽中国,实现中华民族永续发展。

党的十九大报告把"坚持人与自然和谐共生"作为新时代坚持和发展中国特色社会主义基本方略的重要组成部分,号召全党全国人民"为把我国建设成为富强民主文明和谐美丽的社会主义现代化强国而奋斗"。

生态文明是继原始文明、农业文明、工业文明之后的一种新的人类文明形态,既包括尊重自然、与自然同存共荣的价值观,也包括在这种价值观指导下形成的生产方式、经济基础和上层建筑。

生态文明的核心是人与自然和谐。生态文明是人类社会文明的高级状态,不是单纯的节能减排、保护环境的问题,而是要融入经济建设、政治建设、文化建设、社会建设各方面和全过程。

生态文明的提出明确了应该如何处理人和自然关系,即尊重自然、顺应自然、保护自然,这是对中国文化传统的继承和发展,明确这点对于将来的建设,包括城市建设,有极其重要的指导意义。

提出生态文明建设,是基于我国经济社会发展现状、人民群众新期盼所作出的战略部署。一方面,我国经济发展面临越来越突出的资源环境制约，已经到了不进行生态文明建设不行的阶段；另一方面，随着生活水平提高，人们对于良好生态环境有了越来越强烈的需求。

建设生态文明，首先必须转变生产方式，全面促进资源节约，推动资源利用方式根本转变，提高利用效率和效益，严格控制开发强度，促进生产空间集约高效、生活空间宜居适度、生态空间山清水秀。

建设生态文明，要加大自然生态系统和环境保护力度，以解决损害群众健康最突出的环境问题为重点，强化污染防治力度，实施重大生态修复工程，增强生态产品生产能力。

建设生态文明，应转变生活方式和消费方式，改变一些传统的不合理的生活方式，改变奢侈消费、劣质消费等习惯。将生态文明建设与经济建设、政治建设、文化建设、社会建设并列，将生态环境保护融入经济社会发展的全局。

建设生态文明，必须改变唯 GDP 的观念，把绿色 GDP 相关评估指标确定下来，要在对干部的考核上体现出来。把资源消耗、环境损害、生态效益等指标纳入经济社会发展评价体系，建立体现生态文明要求的考核办法、奖惩制度，形成生态文明建设的长效机制。

（中国城市建设网，2017 年 12 月 15 日）

努力创造人民更加美好的生活

厕所是人类生活的必需空间，也是一个社会文明程度的一面镜子。长期以来，我国厕所存在供给不足、分布不均衡、管理不到位等问题，是社会文明和公共服务体系的短板，也是我国旅游业突出的薄弱环节。

近日，习近平总书记作出重要指示，"厕所问题不是小事情，是城乡文明建设的重要方面"。充分肯定旅游系统推进"厕所革命"取得的成效，着眼于人民对美好生活的向往，要求坚持不懈推进"厕所革命"，把它作为乡村振兴战略的一项具体工作来抓，努力补齐影响群众生活品质的短板。

将"厕所革命"放在城乡文明建设和乡村振兴战略的高度来部署推进，充分体现了以习近平同志为核心的党中央人民至上的执政理念和深厚为民情怀，为社会文明进步注入强劲动力。

"厕所革命"，是一件惠民生、得人心的大好事。"厕所革命"带来的新气象，为旅游业发展提供新动力。

进入新时代，旅游业已成为方兴未艾的新兴产业。应当清醒看到，与人民日益增长的美好生活需要和旅游业快速发展态势相比，厕所供给的历史欠账太多，各地厕所数量质量、管理服务、如厕文明等仍有不小差距。"厕所革命"仍然需要迎难而上、深入推进。不仅要解决好旅游厕所问题，更要以"厕所革命"为突破口，不断加强各类硬软件建设，进一步提升群众和游客的舒适度，进一步提升行业品质，为旅游业大发展夯实基础。

厕所问题不仅关系到旅游环境的改善，也关系到广大人民群众工作生活环境的改善，关系到国民素质提升、社会文明进步。从现实情况来看，景区外厕所落后于景区内厕所、农村厕所落后于城市厕所、中西部厕所落后于东部地区厕所等问题，还比较突出。"小康不小康，厕所算一桩"。

推进"厕所革命"，是决胜全面建成小康社会的重要内容，必须坚持补短板、强弱项，不仅景区、城市要搞好厕所，农村更要来场"厕所革命"。既抓好硬件建设，也注重养成文明如厕习惯，既讲究清洁干净，又兼顾经济实用，让农村群众用上卫生的厕所，让"厕所革命"成为树立文明新风、推动乡村振兴的重要发力点。

"我们要牢记人民对美好生活的向往就是我们的奋斗目标"。进入新时代，顺应社会主要矛盾的历史性变化，坚持以人民为中心的发展思想，切切实实发扬真抓实干、以认真解决实际问题的工作态度和作风，尽心尽力把"厕所革命"搞好。

让我们破解民生难题、补齐民生短板，努力创造人民更加美好的生活。

（中国城市建设网，2017年12月8日）

环境就是民生 蓝天就是幸福

走绿色发展道路,建设生态文明,既是实现可持续发展的前提和保障,也是社会主义现代化建设的本质要求。只有实施绿色发展战略,走绿色发展之路,才能有利于推动生态文明建设,引领经济社会可持续发展,才能满足人民群众有更优美环境的期盼,以生态文明建设的实际成效取信于民。

在新的历史条件下,人民群众对清新空气、清澈水质、清洁土地等生态产品的需求越来越迫切,因此推进绿色发展既要面对新的局面,也要具备新的思路,更要有新的举措。

习近平总书记在十九大所做的报告全面阐述了加快生态文明体制改革、推进绿色发展、建设美丽中国的战略部署。十九大报告明确指出,我们要建设的现代化是人与自然和谐共生的现代化,既要创造更多物质财富和精神财富以满足人民日益增长的美好生活需要,也要提供更多优质生态产品以满足人民日益增长的优美生态环境需要。十九大报告为未来中国推进生态文明建设和绿色发展指明了路线图。

十九大报告对于生态文明建设和绿色发展的高度重视,表明我国生态文明建设和绿色发展将迎来新的战略机遇。

我们必须树立和践行绿水青山就是金山银山的理念,继续推进多污染物综合防治和环境治理,进一步解决人民群众反映强烈的大气、水、土壤污染等突出问题,减少排污总量,守住环境门槛,使污染排放降下来,环境质量好起来。

我国大气环境质量在全国范围和平均水平上总体向好，但某些特征污染物在部分时段、部分地区呈现局部恶化。特别是北方地区，秋冬季重污染天气频发，给人民群众生产生活造成较大影响。今后几年超大范围、超高浓度、超长时间、超多影响人口的"四超"雾霾污染仍可能继续。我们必须持续开展大气污染防治行动，全面深化京津冀等重点区域大气污染联防联控，对大气重污染成因和治理开展集中攻关，逐步减少和消除重污染天气，坚决打赢蓝天保卫战。

我国水资源总量居世界前列，但人均水资源量只有世界平均水平的1/4。不仅存在资源型缺水、工程型缺水，而且污染型缺水问题也很严重，饮用水水源安全保障水平亟须提升，湖库富营养化问题依然突出，部分流域水体污染依然较重。我们必须继续加强水污染和农业面源污染防治，加强重点流域、海域综合治理，大力整治城市黑臭水体，实施从水源到水龙头的全过程监管。

我国农用地土壤环境质量不容乐观，工矿企业及其周边土壤环境问题突出，化肥、农药、农膜等投入品使用量多。我们必须开展土壤污染治理和修复，强化风险管控措施，着力解决土壤污染影响农产品安全和人居环境健康两大突出问题。

（中国城市建设网，2017年12月1日）

城市文化是城市的灵魂和生命

城市作为文化的重要载体，它记录了城市发展中每个历史阶段的足迹。城市文化作为城市文明的象征，对城市文明进步起着推动作用。

城市文化包涵一个城市的特色、历史、风俗、精神等方面，它深入到了城市建设和管理的内部。一个城市的文化是城市整体人文建设的组成部分，它像一本书记载着城市发展的印记，记录着过去城市的生存状态以及人同环境之间的关系。因此可以说，城市文化是城市的灵魂和生命。

城市文化是城市发展的推动力。城市发展不仅要依靠城市的硬件设备，还要依赖于软实力的提升，包括城市的文化积淀、科技力量和生态建设等。城市与文化在发展过程中是相辅相成的，城市发展孕育着文化，反过来文化的建设也推动着城市文明的进步。失去了城市文化的引导，那么城市将丧失文化竞争力，城市品格也将消解。

城市文化是城市的显著标志。城市文化是一个城市精神面貌的象征，是一个城市独有的特点。鲜明、个性的城市文化不仅能体现这个城市不同于其他城市的显著特点，也有助于城市创造丰富的物质文明。纵观世界上具有国际领先水平的大城市，无不具有一流的、显著的城市特色。像具有浪漫气质和贵族风尚的巴黎、代表着美国金融文化的纽约、沉淀着古老文明和丰厚人文底蕴的古城西安等，无不具有显著的城市特色。一个城市不能没有文化，失去了文化的支撑，城市的发展就无从谈起。

城市文化拉动城市经济的发展。文化作为城市建设重要的方面，对物质文明的创造作用也是显著的。中华上下五千年遗留下来的古建筑多不胜数，它们中大部分正在伴随着城市化的进程而日益消逝。如象征着老北京的胡同文化、具有独特造型风格和工艺特征的徽派建筑等都面临失去存在空间的困境。这些文化在当前仍具有相当大的发展和利用空间，只要找准机会，利用得当，仍能使其散发出新的光彩。

在城市改造中加强城市文化的建设。随着城市改造进程的加快，许多城市面临着城市文化保护与重建的问题。为了能在改造中最大限度地保护好文化遗迹，避免出现城市记忆的消失、城市形象的恶化、城市面貌的趋同以及城市文明的失落，每个城市在具体改造中要具备高瞻远瞩的目光，从全局考虑，在创新理念的指导下重视对城市文化的建设，为城市文化注入新的活力。

（中国城市建设网，2017年11月25日）

补齐生态环境短板

改革开放以来，我国城镇化取得了举世瞩目的成就，城市建设形势喜人。但不可讳言的是，生态环境成为城市建设的短板，恶化的生态环境成为人民生活的难点。

改善生态环境，建设生态文明是中华民族永续发展的千年大计，我们必须补齐生态环境这块短板。

党的十八大以来，以习近平同志为核心的党中央高度重视生态文明体制改革，中央全面深化改革领导小组召开几十次会议，讨论了生态文明体制改革相关的议题，研究了多项重大改革。党的十八届三中、四中、五中全会发了近百件生态文明体制改革文件。

2015年，党中央、国务院专门制定了《生态文明体制改革总体方案》。这个总体方案明确了生态文明体制改革的"四梁八柱"，设计了"八项制度"等。

党的十九大在十八大生态文明体制改革的基础上再一次吹响了加快生态文明体制改革、建设美丽中国的号角，进一步昭示了以习近平同志为核心的党中央加强生态文明建设的意志和决心。

为了尽快补齐生态环境这块短板，我们要加快促进生态文明制度体系形成。积极推进自然资源资产产权制度改革，加强国土空间开发保护制度，全面启动空间规划体系改革试点，不断强化资源总量管理和全面节约制度，推进资源有偿使用和生态补偿制度，加大环境治理体系改革力度，加快构建环境治理和生态保护市场体系，建立生态文明绩效评价考核和责任追究制度。

为了尽快补齐生态环境这块短板，我们要让环境管控发挥绿色发展的导向作用。有效引导企业转型升级，推进技术创新，走向绿色生产。同时，鼓励发展绿色产业，壮大节能环保产业、清洁生产产业、清洁能源产业，使绿色产业成为替代产业，接力经济增长。设立国有自然资源资产管理和自然生态监管机构，统一行使全民所有自然资源资产所有者职责，统一行使所有国土空间用途管制和生态保护修复职责，统一行使监管城乡各类污染排放和行政执法职责。

为了尽快补齐生态环境这块短板，我们要树立和践行绿水青山就是金山银山的理念。推动绿色产品和生态服务的资产化，让绿色产品、生态产品成为生产力，使生态优势能够转化成为经济优势。

为了尽快补齐生态环境这块短板，在决胜全面建成小康社会，开启全面建设社会主义现代化国家新征程中，我们要打好污染防治这场攻坚战，决不以牺牲环境为代价去换取一时的经济增长。提供更多优质生态产品，满足人民群众日益增长的优美生态环境需要，使我们的城市天更蓝、水更清、山更绿，使我们的乡村都脱贫致富，建设田园经济，真正实现人与自然的和谐共生。

（中国城市建设网，2017年11月17日）

提高城镇化率 促进经济增长

习近平总书记在十九大报告中,回顾过去5年工作和历史性变革时指出,我国城镇化率年均提高1.2个百分点。

城镇化率年均提高1.2个百分点,意味着什么呢?

城镇化是我国最大的内需潜力和发展动能所在,是现代化的必由之路,对全面建设社会主义现代化国家意义重大。城镇化发展有利于扩大内需,提高生产效率,促进要素资源优化配置,增强经济辐射带动作用,提高广大人民群众享有的公共服务水平。

党中央、国务院,多年来就深入推进新型城镇化建设作出了一系列重大决策部署,使我国城镇化水平快速提高。国家统计局披露,2016年,我国城镇常住人口占总人口的比重为57.35%,与2012年相比,常住人口城镇化率提高4.78个百分点,年均提高1.2个百分点;城镇常住人口增加8116万人,年均增加2029万人。

随着户籍制度改革和解决"三个一亿人"城镇化问题的推进,越来越多的农业转移人口通过落户城镇和办理居住证享受了城镇居民待遇。统计显示,2016年,我国户籍人口城镇化率为41.2%,与常住人口城镇化率差距为16.15个百分点,比2012年缩小1.1个百分点。

在城镇化率提高的背后,城镇化质量也在不断改进。城镇基础设施水平明显提升,居民生活质量得到改善,市民化制度性障碍逐步消除,城市包容性得到提高。此外,城镇化发展不再是单一模式,各地结合自然资源禀赋、产业发展基础，形成了一些特色城镇化的建设模式，推动了城镇化的健康发展。

实践证明，我国城镇化潜力巨大。中国常住人口城镇化率距离发达国家80%的平均水平还有很大差距。一般认为，城镇化率由30%上升到70%的过程为经济快速发展的黄金时期。如果再考虑到目前我国城镇化率中包括了1亿左右的常住城镇的农民工，以及城市基础设施质量、人均拥有量与发达国家相比存在的差距等因素，我国城镇化进程所蕴含的经济增长动力将更大。

现在，我国已进入中等收入国家行列，经济发展到了关键时期，城镇化也到了一个历史关头，能否建立起一套新体制、新机制至关重要。

我们一定要根据重点任务，在重点领域实现制度突破，比如进一步出台完善户籍制度改革的相关内容，城乡养老事业与医疗制度衔接，生态补偿等制度。特别是要以供给侧结构性改革为主线，加快构建现代产业体系、现代创新体系、现代基础设施体系、现代城乡体系，实现更高质量、更好效益发展。

总之，要将影响城镇化发展的各种要素综合起来，破除体制机制障碍，建立起适合推进城镇化发展的体制机制，提高城镇化率。

（中国城市建设网，2017年11月25日）

开启生态文明建设新时代

习近平总书记在十九大报告中,提出建设富强民主文明和谐美丽的社会主义现代化强国的目标,意义重大。

党的十八大确立了统筹推进我国现代化建设"五位一体"总体布局,首次把"美丽中国"作为生态文明建设的宏伟目标。5年来,党中央按照统筹推进"五位一体"总体布局的要求,把生态文明建设放在突出地位,融入经济建设、政治建设、文化建设、社会建设各方面和全过程,推进美丽中国建设。

十九大提出的新时代坚持和发展中国特色社会主义的基本方略中,强调坚持人与自然和谐共生,坚定走生产发展、生活富裕、生态良好的文明发展道路。在实现第二个百年目标的两个阶段安排中,对生态文明建设提出了明确要求,即2035年中国基本实现现代化时,我国生态环境实现根本好转,美丽中国目标基本实现。在本世纪中叶建成富强民主文明和谐美丽的社会主义现代化强国。到那时中国将是一个经济发达、政治昌明、文化繁荣、社会和谐、生态良好的社会主义强国。

十九大关于我国特色社会主义进入新时代后社会主要矛盾变化的判断,是一个实事求是、与时俱进的重大判断,必将对今后一段时期中国特色社会主义现代化事业的推进产生根本性、全局性、历史性的影响。

我国在前期经济高速发展的过程中,由于发展不平衡不充分导致环境保护不力、生态环境破坏,使人民群众对良好生态环境的需求得不到满足。同样,由于发展的不平衡、不充分,有数量庞大的贫困人口、低收入人群，仍处于急需改善物质生活条件、不断提高生活质量的状态，需要通过经济发展提高收入水平、改善生活条件。在经济发展过程中需要更注重平衡发展，实现绿色增长，不能因为发展经济破坏生态环境，影响人民群众的获得感、幸福感。

十九大报告提出加快生态文明体制改革，建设美丽中国。在经济社会发展中，必须坚持节约优先、保护优先、自然恢复为主的方针，形成节约资源和保护环境的空间格局、产业结构、生产方式、生活方式。十九大报告对推进绿色发展、着力解决突出环境问题、加大生态系统保护力度、改革生态环境监管体制等4项工作做了部署。

在制度建设上，要推进生态文明体制改革总体方案的落实，把十八大以来中央决定的关于生态文明体制的重大改革推向纵深，把生态文明体制改革任务全面落实。

在实现路径上，既要发挥政府整体规划、监管的作用，还要加强政府问责并利用市场机制，为生态文明建设的各类主体提供适当激励，更要提高全社会生态文明的意识，推动实现生态环境的全民共治。

在工作重点上，要划定红线，实施严格的环境监管，实施重要生态系统保护和修复重大工程，使被污染的土地得到整治，被破坏的生态得到恢复。

在组织体系上，要加快推进生态环境监管体制改革，"建立国有自然资源资产管理和自然生态监管机构"，统一行使全民所有自然资源资产的所有者职责，把属于全体人民的国家自然资源资产使用好、保护好。这类新机构必须秉承依法、公开、专业、程序化、可问责的原则，对自然资源资产实施有效管理，对生态环境实施有效监管。生态环境监管体制改革，是我国国家治理体系和治理能力现代化的重要内容，是扎实推进生态文明建设的保障。

（中国城市建设网，2017年11月15日）

从"新矛盾"理念推进新型城镇化

党的十九大报告是立足新时代的一个重大理论创新,对新时代中国特色社会主义社会的主要矛盾做出新的重大判断。"人民日益增长的美好生活需要和不平衡不充分的发展之间的矛盾"的这一判断,为新时代中国特色社会主义的改革与发展奠定了坚实的理论基础,是社会主义理论发展史上的重大理论和实践创新。

我国用30多年的时间基本解决了社会生产力落后的局面,极大地发展了社会主义经济,丰富了人民的物质文化生活。在新时代随着社会主要矛盾的转变,全面深化改革的内容也必须发生改变,在经济发展的同时,必须注重社会发展,着力解决发展不平衡不充分的问题,把中国建设成一个"富强、民主、文明、和谐、美丽"的公平正义的社会。

从新时代经济社会发展的现状来看,发展的"不平衡""不充分"既体现在发展到一定阶段形成的城乡差距、区域差距、贫富差距、收入差距上,也体现在经济发展与社会发展的不平衡上。社会健康与社会发展质量和人民对美好生活的需要还有一定的差距,这要求我们既要注重宏观层面的"三农"、城镇化、中西部地区发展、收入分配等重大经济社会发展问题,也需要从微观层面直面基本的社会保障、社会福利、精准扶贫、就业、住房、食品安全、教育与医疗均等化等与人民日常生活密切相关的社会发展课题。

党的十九大报告将"绿色"置于非常重要位置,不仅将绿色发展作为生态文明建设的重点部分予以论述，还把树立和践行绿水青山就是金山银山的理念、形成绿色发展方式和生活方式等内容写入了坚持和发展中国特色社会主义的基本方略。

城镇化是现代化的必由之路。党的十八大以来，党中央就深入推进新型城镇化建设作出了一系列重大决策部署。今后，我们更要凝心聚力抓落实，让新型城镇化建设一定要站在新起点、取得新进展。要坚持以创新、协调、绿色、开放、共享的发展理念为引领，以人的城镇化为核心，更加注重提高户籍人口城镇化率，更加注重城乡基本公共服务均等化，更加注重环境宜居和历史文脉传承，更加注重提升人民群众获得感和幸福感。要遵循科学规律，加强顶层设计，统筹推进相关配套改革，鼓励各地因地制宜、突出特色、大胆创新，积极引导社会资本参与，促进新时代中国特色新型城镇化持续健康发展。

促进新时代中国特色新型城镇化持续健康发展，必须加快城镇棚户区改造和基础设施建设，推动新型城市建设，加快培育中小城市和特色小城镇，全面提升城市综合承载能力。要充分发挥新型城镇化对新农村建设的辐射带动作用，推动基础设施和公共服务向农村延伸，搭建多层次、宽领域、广覆盖的融合发展平台，带动农村一二三产业融合发展。要完善城镇住房制度，为新型城镇化提供科学合理的制度保障。

要以城市群为主体，构建大中小城市和小城镇协调发展的城镇格局。

（中国城市建设网，2017年11月5日）

建设人与自然和谐共生的美丽中国

——值党的十九大胜利召开之际

中国共产党第十九次全国代表大会是在全面建成小康社会决胜阶段、中国特色社会主义发展关键时期召开的一次十分重要的大会，事关党和国家事业继往开来，事关中国特色社会主义前途命运，事关最广大人民根本利益，对决胜全面建成小康社会、实现中华民族伟大复兴的中国梦，具有重大历史意义和现实意义。

以习近平同志为核心的党中央，在过去极不平凡的5年，以巨大的政治勇气和强烈的责任担当，统筹推进"五位一体"总体布局；协调推进"四个全面"战略布局，国家经济实力、综合国力和人民获得感显著提升，中国特色社会主义进入新的发展阶段，美丽中国建设硕果累累。

习近平总书记在十九大报告中指出，人与自然是生命共同体，人类必须尊重自然、顺应自然、保护自然。人类只有遵循自然规律才能有效防止在开发利用自然上走弯路，人类对大自然的伤害最终会伤及人类自身，这是无法抗拒的规律。

习近平总书记在十九大报告中强调，我们要建设的现代化是人与自然和谐共生的现代化，既要创造更多物质财富和精神财富以满足人民日益增长的美好生活需要，也要提供更多优质生态产品以满足人民日益增长的优美生态环境需要。

人与自然和谐共生的现代化，要求我们必须坚持节约优先、保护优先、自然恢复为主的方针，形成节约资源和保护环境的空间格局、产业结构、生产方式、生活方式，还自然以宁静、和谐、美丽。

人与自然和谐共生的现代化，要求我们必须推进绿色发展，建立绿色生产和消费的法律制度和政策导向，建立健全绿色低碳循环发展的经济体系，构建清洁低碳、安全高效的能源体系。

人与自然和谐共生的现代化，要求我们必须着力解决城市突出环境问题，打赢蓝天保卫战，加快空气污染、水污染防治，倡导绿色低碳的生活方式，创建节约型城市、绿色社区和绿色出行等。

人与自然和谐共生的现代化，要求我们必须加大城市生态系统保护力度，实施重要生态系统保护和修复重大工程，优化生态安全屏障体系，完成生态保护红线。

人与自然和谐共生的现代化，要求我们必须改革生态环境监管体制，加强对生态文明建设的总体设计，完善生态环境管理制度，坚决制止和惩处破坏生态环境行为。

生态文明建设功在当代、利在千秋。我们要认真贯彻十九大精神，牢固树立社会主义生态文明观，推动形成人与自然和谐发展现代化城市建设新格局。

回望5年来路，一幅人与自然和谐共融的生动画卷正在徐徐展开，天更蓝，水更绿，山更青。大中小城市协调发展，良好的生态环境正在形成。美丽中国建设的步伐坚实向前迈进。

（中国城市建设网，2017年10月25日）

以优异成绩迎接党的十九大

党的十九大是在我国全面建成小康社会决胜阶段召开的一次十分重要的代表大会，是全党全国各族人民政治生活中的一件大事。

党的十九大承担着谋划决胜全面建成小康社会、深入推进社会主义现代化建设的重大任务，事关党和国家事业继往开来，事关中国特色社会主义前途命运，事关最广大人民根本利益。

党的十九大将高举中国特色社会主义伟大旗帜，以马克思列宁主义、毛泽东思想、邓小平理论、"三个代表"重要思想、科学发展观为指导，贯彻习近平总书记系列重要讲话精神和党中央治国理政新理念新思想新战略，认真总结过去5年工作，回顾总结党的十八大以来以习近平同志为核心的党中央团结带领全党全国各族人民坚持和发展中国特色社会主义的历史进程和宝贵经验，深入分析当前国际国内形势，全面把握党和国家事业发展新要求和人民群众新期待，制定适应时代要求的行动纲领和大政方针，动员全党全国各族人民坚定中国特色社会主义道路自信、理论自信、制度自信、文化自信，继续统筹推进"五位一体"总体布局、协调推进"四个全面"战略布局，继续推进党的建设新的伟大工程，为决胜全面建成小康社会、开创中国特色社会主义新局面团结奋斗。

以优异成绩迎接党的十九大，首要的任务就是始终坚持把讲政治作为最根本和第一位要求，切实提高政治站位和政治觉悟，牢固树立和自觉践行政治意识、大局意识、核心意识、看齐意识，坚决维护以习近平同志为核心的党中央权威，始终同以习近平同志为核心的党中央保持高度一致，做到党中央提倡的坚决响应、党中央决定的坚决照办、党中央禁止的坚决不做。

以优异成绩迎接党的十九大，要紧密联系党和人民过去5年砥砺奋进的伟大实践，深化对历史性成就和历史性变革的理解，高举中国特色社会主义伟大旗帜，牢固树立中国特色社会主义道路自信、理论自信、制度自信、文化自信。

以优异成绩迎接党的十九大，要牢牢把握我国社会发展的阶段性特征，坚持辩证唯物主义和历史唯物主义的方法论，更准确地把握我国社会主义初级阶段不断变化的特点，坚持党的基本路线，顺应人民群众对美好生活的新期待。

以优异成绩迎接党的十九大，要增强理论自信和战略定力，在坚持马克思主义基本原理的基础上，以更宽广的视野、更长远的眼光来思考和把握国家未来发展面临的一系列重大战略问题。

以优异成绩迎接党的十九大，要按照全面建成小康社会各项要求，突出抓重点、补短板、强弱项，特别是要坚决打好防范化解重大风险、精准脱贫、污染防治的攻坚战，推进以人为本的新型城镇化建设，坚定不移深化供给侧结构性改革，推动经济社会持续健康发展。

（中国城市建设网，2017年10月15日）

特色小镇重在特色

去年7月,住建部等三部委在总结了浙江等地成功经验的基础上,发布了《关于开展特色小镇培育工作的通知》,决定在全国范围开展特色小镇培育工作,计划到2020年,培育1000个左右各具特色、富有活力的休闲旅游、商贸物流、现代制造、教育科技、传统文化、美丽宜居等特色小镇,以此带动全国小镇建设。去年10月和今年7月,住建部分两批公布了中国特色小镇名单,进入这两批名单的小镇已经有400多个。

我国广袤的地域分布着众多各具特色的小镇,其中有不少因为具备独特的自然资源和富有地方风情的历史文化而成为名镇。开展特色小镇培育工作,无疑可以使一些已经具有独特禀赋的小镇得到更好的保护和发展。

建设特色小镇的目标提出一年来,在各地产生了强烈的反响,但也出现了一哄而上的情况。一些地方提出要投资千亿元打造特色小镇,也有的地方提出了要打造几百个特色小镇的计划。当前,一些地方之所以对特色小镇建设投入了很大热情,主要目的还是在于希望以此来吸引投资。但是,对于一个小镇来说,其能够容纳的投资毕竟是有限度的,如果不加控制,特色小镇建设就会演变为一场大兴土木的"扩镇"活动,原有的特色反而会被湮没。

特色小镇确实能够对旅游乃至地方经济产生拉动作用,特别是有的小镇以富有地方特色驰名中外，对其进行开发，能够产生一定的经济价值。但是，一个小镇之所以能够成为特色小镇，更重要的在于其千百年的文化资源积累。对于很多小镇来说，这种文化资源是独一无二的。因此，在特色小镇的建设中，地方政府应该以挖掘文化底蕴作为其核心竞争力，把重点放到弘扬小镇的文化特色上来，打造出有吸引力的特色文化品，为小镇发展注入源源不断的生命力。

特色小镇一定要按照创新、协调、绿色、开放、共享的发展理念打造，要具有明确产业定位、科技元素、文化内涵、生态特色、旅游业态和一定社区功能的发展空间平台，呈现产业发展"特而精"、功能集成"聚而合"、建设形态"小而美"、运作机制"活而新"的鲜明特征。

特色小镇无论外形还是内涵都要充分体现一个"特"字，各显优势，各领风骚，扬长避短。

特色小镇的"魂"是文化。要保护千姿百态的传统村落文化，让人们记住乡愁。

特色小镇的吸引力是生态。农村生态环境千奇百怪，婀娜多姿，要保护山水湖泊林园田野，善于根据生态打造特色小镇之美。

特色小镇是发展农村经济的"抓手"。要抓好农村经济尤其乡村旅游。

抓住特色，建设特色小镇，特色小镇就会欣欣向荣，一片生机。

（中国城市建设网，2017年9月25日）

以全新理念指导生态文明建设

党的十八大以来，习近平总书记以深邃的思考直面人民诉求，以全新的理念指导生态文明建设，指出"生态兴则文明兴，生态衰则文明衰"。

改革开放以来，大规模推进产业园区的建设和城市空间的扩张，必然会对生态环境造成破坏。保护好生态环境就必须实行限制性、约束性的空间开发。当前和今后一个时期，我们必须把新型城镇化与生态文明建设结合起来，通过生态文明建设调整产业结构、转变消费方式，促进城镇化健康发展，走集约、智能、绿色、低碳的新型城镇化道路。

客观审视人与自然的关系。我们要深刻认识保护自然的重要性和紧迫性，牢固树立适应自然、爱护资源、保护生态文明的理念。党的十八大确定的新型城镇化战略，突出生态文明建设。与以往的城镇化道路相比，其"新"的要义，就是按照生态文明的原则来进行城市、区域的产业布局、空间布局，充分考虑生态的承载能力，在城镇化的进程中实现生态文明的建设任务，在生态文明的建设中提升城镇化的质量与现代化的整体水准，从而探索出具有中国特色的城市与区域协同发展、城镇与乡村互动进步的现代化之路。

习近平总书记特别重视生态文明，强调"绿水青山就是金山银山"，要体现尊重自然、顺应自然、天人合一的理念，依托现有山水脉络等独特风光，让城镇融入大自然，让居民望得见山、看得见水、记得住乡愁；要着力推进绿色发展、循环发展、低碳发展，尽可能减少对自然的干预和损害，节约集约利用土地、水、能源等资源。这是对未来生态文明理念城镇化的美好愿望，既体现了对自然资源和历史文化的尊重，也是对百姓诉求和愿望的尊重。

习近平总书记还特别强调环境生产力理念，把"自然休养"发展为更为积极主动的"生态修复"，强调"给自然留下更多修复空间"。当前，新型城镇化作为生态文明建设的重要载体和抓手，已经进入破解深层矛盾的关键期，它的发展方式迫切需要从外延式向内涵式过渡，从速度型向效益型过渡，从粗放型向质量型过渡，从资源驱动向创新驱动、战略驱动转变。在这种背景下，新型城镇化尤其是中小城市的新型城镇化应该与生态文明融合发展，积极构建经济、社会、文化等生态化发展格局，推进新型城镇化的可持续发展能力。

新型城镇化是一个自然而然的过程，是我国社会发展特定时期必然的历史现象，不能一蹴而就，也不能跳跃进行。要坚持一切从实际出发，保护和弘扬优秀传统文化，延续城镇历史文脉，遵守客观规律，因势利导，统筹进行，确保新型城镇化是一个符合历史潮流的自然阶段。既要积极稳妥、扎实有效，又要明确方向、统筹规划、多措并举、狠抓落实，要让人们有尊严地生活。

新型城镇化是生态文明建设的重要载体，生态文明是新型城镇化的重要标杆。作为"五位一体"总体布局和"四个全面"战略布局的重要内容，生态文明建设必将深度融入新型城镇化全过程。

（中国城市建设网，2017年9月15日）

创新环保督察 促进绿色发展

党的十八届五中全会创造性地提出了创新、协调、绿色、开放、共享五大发展理念。这是关系我国发展全局的一场深刻变革，是"十三五"乃至更长时期我国发展思路、发展方向、发展着力点的集中体现，也是改革开放30多年来我国发展经验的理论总结，反映出我们党对发展规律的新认识。这五大发展理念特别是绿色发展理念，对我们破解发展难题、增强发展动力、厚植发展优势具有重大而现实的指导意义。

党的十八大以来，生态文明建设深入推进，生态文明的理念日益成为社会共识，尤其是新环保法生效以来，我国的环保执法取得了重大进展，执法力度、处罚力度大大增强，企业的守法意识大大提升，严重的环境违法情形逐渐减少，环境质量也在日益改善。

党的十九大召开之前，中央环保督察再度利剑出鞘，实现对全国各省（区、市）督察全覆盖，展现出中央解决环境问题的决心。

日前，第四批中央环境保护督察工作已拉开序幕，8个督察组陆续实施督察进驻，对吉林、浙江、山东、海南、四川、西藏、青海、新疆（含兵团）开展督察。

中央深改组会议指出，"建立环保督察工作机制是建设生态文明的重要抓手"。当前重发展、轻保护的现象在一些地方仍然根深蒂固，环保陷入了时紧时松的困境。前不久通报的祁连山国家级自然保护区生态环境破坏典型案例，说明了如果缺乏"四个意识"、缺少监督落实，绿色发展理念不会自动转化为行动，党和国家的决策部署也难以落到实处。建立中央环保督察长效机制，正是要以制度创新为生态文明建设保驾护航，为环境保护的贯彻落实提供制度保障。

中央环保督察是以制度的刚性，坚持绿色发展信念，促进绿色发展和绿色生活落地生根。纵览前三批中央环保督察的反馈意见，措辞越来越严厉，点名道姓猛击要害，这些变化折射出中央环保督察不是走过场，而是敢于亮剑、力求实效。

创新环保督察工作方式，就要既注重抓住领导干部这个关键少数，也要与群众良性互动。既查污染企业，更要监督党委和政府，注重与当地群众密切互动。

创新环保督察工作方式，就要树立问题导向，有强烈的现实针对性。对大气污染、生态功能退化、环境质量呈恶化趋势等问题，要有直面问题的勇气、求真务实的态度，树立起中央环保督察的公信力。

创新环保督察工作方式，要以制度的刚性确保落实，促进绿色发展和绿色生活落地生根。

中央环保督察工作会有时间限制，但更好树立起各级政府的主体责任，激发起人民群众的环保意识，才能促进绿色发展迈出更大的步子。

（中国城市建设网，2017年9月5日）

关注生态环境的互联互通

互联互通等技术的飞速发展，使交通便捷，市场活跃，经济繁荣。与此同时，我们也应看到生态环境的互联互通存在的问题，重视生物与污染物的扩散及其对生态环境的影响，既要了解人类能对互联互通的生态环境保护做些什么，也要知道生态环境的互联互通会对人类的影响，尽可能减少互联互通项目的随意性和盲目性。

当前，有关生态环境保护的要求常见于互联互通项目和相关行政区的经济社会发展规划及有关专项规划中，碎片化现象较严重。此外，各行政区偏重落实区内规划，导致互联互通生态环境保护设施规划的落实不到位。互联互通项目在生态环境保护方面也存在一些不确定性。现有研究偏重回答"我们能对互联互通的生态环境保护做些什么"，而较少涉及"生态环境的互联互通将会对我们做些什么"，现有规划给出的多是生态走廊、污水处理设施、生态环境保护信息交流平台等保护性设施，而较少涉及生态文明自觉、生态平衡及生物多样性保护等；同时，相关项目建设规划多强调设施建设的生态环境影响及其保护措施，在区域生态环境保护能力的共建共享方面较弱。

做好生态环境的互联互通，应做好以下几个方面工作。

第一、要进一步加强互联互通生态环境中物质扩散、累积、变异及其对人类影响的专题研究。重点加强地上地下水路通道、气路通道及人流物流通道等对生物及污染物传播的影响。同时，要重点加强生物及污染物传播影响的特性研究，研究生态环境对人类社会心理、行为与生态环境文化的影响，帮助树立互联互通区域生态环境文化连通理念，并在此基础上完善互联互通生态环境保护规划，既回答我们能做什么的问题，也回答生态环境互联互通对我们做些什么的问题。

第二、要加强互联互通区域生态环境保护能力的共建共享。树立生态环境连通理念，不仅要共建生态环境保护设施，更要加强生态环境保护设施与信息的共享，推动气体、液体、固体污染物联防联治，建设区域性生态环境保护与应急设施、基地和缓冲带，加强生物及生态环境污染物传播监测，加强检验检疫工作，打造互联互通区域命运共同体。

第三、要加强互联互通生态环境保护的协调。树立生态环境保护政策连通理念，完善生态环境保护管理体系，建立互联互通区域联席会议制度，协调互联互通项目的领导、指挥和行动，以区域性互联互通生态环境保护规划为引领，实现区域生态环境保护文化、政策、资源、行动、安全的互联互通。

（中国城市建设网，2017年8月15日）

科学推进城市建设

改革开放以来，我国城镇化快速推进，对社会发展和民生改善的带动作用十分显著，但相伴而来的空气污染、交通拥堵、排水不畅、大拆大建等城市病，也给人民生活增添了困扰。如何让城市市民生活更美好？从根本上说，应在充分尊重城市发展规律的基础上科学推进城市建设。

坚持经济、社会、文化、生态效益并重。长期以来，我国城市建设从属于经济建设，为经济建设服务。这在特定历史背景下有其必要性，但在我国已成为世界第二大经济体、人民对美好生活有更多期盼的发展新阶段，则应从城市规划环节开始就牢牢坚持经济、社会、文化、生态效益并重，特别是处理好城市建设与自然、经济、历史传承之间的关系，让城市有活力、有文化、有魅力。

从城市与自然的关系来看，出现生态问题的症结在于城市没有实现绿色发展，也就谈不上生态宜居。从城市与经济的关系来看，城市是区域经济发展的龙头，应着力提升竞争力，实现城市建设和经济发展良性互动。从城市与历史文化的关系来看，城市应成为文化传承发展的平台和人们有归属感、自豪感的栖息地，应尊重历史传承，促进社会进步，让城市魅力不断增值。

以新发展理念提升城市品质。创新、协调、绿色、开放、共享的新发展理念，是发展新阶段提升城市竞争力和吸引力的重要指引。落实新发展理念，建设开放创新的宜居城市、智慧城市、生态城市、和谐城市，提高城市的流动性和包容性，让市民生活更舒适。

促进大中小城市和小城镇协调发展。一般大型城市和中等城市集聚区域生产要素，在区域内进行资源配置和商品交换；小城市则集聚周边农村生产要素，成为农民、农业的服务基地。城市的规模不同，功能定位就不同。完善城市功能，既要找准城市各自发展定位，又要提升协同发展能力。不应把城市建设片面理解为城市规模扩大，而应通过建设宜居宜业条件更好的中小城市和小城镇来疏解超大城市的人口与功能，缓解城市病。城市发展方向应由做大转向做精，由扩容转向提质，持续提升城市宜居品质、服务功能和综合竞争力。

建设安全宜居的"海绵城市"。城市让生活更美好的基本前提是安全。由于人口密度大、设施和功能集中，城市运行机能比较脆弱，发生灾害时受到损失更大。我国大多数城市是按照工业化模式建设的，基础设施建设相对集中，增加了城市面临的风险。建设"海绵城市"，是破解城市安全困境的有效途径，也是进入生态文明阶段城市建设的趋势。

（中国城市建设网，2017年8月5日）

特色小镇要小而美

当前,各地普遍形成一种共识:建设特色小镇对于地方经济发展、产业转型、小城市培育等将发挥积极作用。国家发改委、住建部等部门已出台了相关政策文件,各地也纷纷出台推进特色小镇建设的具体政策。无疑,特色小镇将成为新型城镇化的关键词之一。然而,在我国,特色小镇毕竟是个新事物,一些地方在探索和推进的过程中,发展理念、规划路径、政策协调、体制机制转变等方面都存在一些盲区和难点,亟待重视和破解。

特色小镇是集产业链、投资链、创新链、人才链、服务链于一体的创业创新生态系统,是新型工业化、城镇化、信息化和绿色化融合发展的新形式。特色小镇的特征,即产业特而强、功能有机组合、形态小而美、机制新而活等。

特色小镇是有产业基础和发展潜力的平台。在这个平台上能够实现产业的转型升级,从传统单一的制造环节向研发、设计、文化、旅游等功能和环节延伸,开发高端产品,占领高端市场。

特色小镇需要坚持特色产业、旅游产业两个发展架构。特色产业的选择需要立足当地资源禀赋、区位环境以及产业发展历史等基础条件,使新兴产业发展、传统产业升级、历史经典产业回归;旅游产业具有消费聚集、产业聚集、人口就业带动、生态优化、幸福价值提升作用,也是引领特色小镇发展的主要动力。

特色小镇形态要小而美。特色小镇不像一般小城镇那么大，是一个小范围的区域，同时兼具生产、居住、休闲、文化等功能。特色小镇的"特色"应在于形成独特的风格、风貌和风情。风格是小镇的性格和个性；风貌是其独特的建筑与外观，要与文化传承结合，与自然生态一致；风情是以历史文化、生活方式、风俗习惯等软环境为基础，结合演艺、社区活动、人际交往，形成独特的文化价值。

特色小镇机制要新。特色小镇的建设是以政府为主导、以市场为主体、社会共同参与的开发模式。政府以顶层设计、制度建设、服务管理为主要任务，把控整体方向、创造制度环境、建设基础设施、提供公共服务；企业通过资源整合以及市场化的运作管理方式，成为小镇建设的主角；当地居民，则积极参与和有效监督。

盲目跟风易形成泡沫。当前，各地建设特色小镇非常积极和活跃。从正在上马的一些特色小镇项目看，大都已考虑了"概念策划、空间规划、项目计划和资金筹划"四划叠加的综合性方案，并向国际上流行的"多规融合"靠拢。但值得注意的是，有的地方也出现了跟风炒作、急功近利、速战速决等运动式、唯政绩的不良倾向和苗头，需要高度警惕。

（中国城市建设网，2017年7月25日）

保护生态环境至关重要

———

生态红线,就是国家生态安全的底线和生命线,这个红线不能突破。当前,我国的生态环境问题已经到了很严重的程度,必须采取最严厉的措施解决,不然不仅生态环境恶化的态势难以从根本上得到扭转,而且生态环境发展目标也难以实现。

习近平总书记强调:"在生态环境保护问题上,就是要不能越雷池一步,否则就应该受到惩罚。"因此,我们要精心研究如何从制度上保障生态红线,把良好生态系统最大限度地保护起来。

我们知道,大部分对生态环境造成破坏的原因是属于对资源的过度开发、粗放型使用。因此建设生态文明必须从资源使用这个源头抓起,把节约资源作为根本之策。要大力节约集约利用资源,推动资源利用方式根本转变,大幅降低能源、水、土地消耗强度。控制能源消费总量,加强节能降耗,支持节能低碳产业和新能源、可再生能源发展,确保国家能源安全,努力控制温室气体排放,积极应对气候变化。加强水源地保护,推进水循环利用,建设节水型社会。严守十八亿亩耕地保护红线,严格保护耕地特别是基本农田,严格土地用途管制。加强矿产资源勘查、保护、合理开发,提高矿产资源勘查合理开采和综合利用水平。大力发展循环经济,促进生产、流通、消费过程的减量化、再利用、资源化。

良好生态环境是人和社会持续发展的根本基础。要以解决损害群众健康的突出环境问题为重点,坚持预防为主、综合治理,强化水、大气、土壤等污染防治，着力推进重点流域和区域水污染防治，着力推进颗粒物污染防治，着力推进重金属污染和土壤污染综合治理，集中力量优先解决好细颗粒物（$PM_{2.5}$）、饮用水污染、土壤污染、重金属污染、化学污染等损害群众健康的突出问题，切实改善环境质量。实施重大生态修复工程，增强生态产品生产能力，推进荒漠化、石漠化综合治理，扩大湖泊、湿地面积，保护生物多样性，提高适应气候变化能力。

建设生态文明是一场涉及生产方式、生活方式、思维方式和价值观念的革命性变革。实现这样的根本性变革，必须依靠制度和法治。我国生态环境保护中存在的一些突出问题，大都与体制不完善、机制不健全、法治不完备有关。习近平总书记指出："只有实行最严格的制度、最严密的法治，才能为生态文明建设提供可靠保障。"必须建立系统完整的制度体系，用制度保护生态环境、推进生态文明建设。

要完善经济社会发展考核评价体系。科学的考核评价体系犹如"指挥棒"，在生态文明制度建设中是最重要的。要把资源消耗、环境损害、生态效益等体现生态文明建设状况的指标纳入经济社会发展评价体系，建立体现生态文明要求的目标体系、考核办法、奖惩机制，使之成为推进生态文明建设的重要导向和约束。要把生态环境放在经济社会发展评价体系的突出位置。

要加快建立国土空间开发保护制度，健全能源、水、土地节约集约使用制度，强化水、大气、土壤等污染防治制度，建立反映市场供求和资源稀缺程度、体现生态价值和代际补偿的资源有偿使用制度和生态补偿制度，健全环境损害赔偿制度，强化制度约束作用。要加强生态文明宣传教育，增强全民节约意识、环保意识、生态意识，营造爱护生态环境的良好风气。

（中国城市建设网，2017年7月15日）

绿水青山就是金山银山

习近平总书记深刻指出,"绿水青山和金山银山绝不是对立的,关键在人,关键在思路。"他强调,只要指导思想搞对,只要把两者关系把握好、处理好,既可以加快发展,又能够守护好生态。

人与自然是一种共生关系,人类发展活动必须尊重自然、顺应自然、保护自然,否则就会遭到大自然的报复。这个规律谁也无法抗拒。"绿水青山"和"金山银山"构成了一个命运共同体,对自然的伤害最终会伤及人类自身。

"绿水青山就是金山银山"是习近平总书记关于生态文明建设和环境保护战略思想的理论精髓和重大论断。在理念层面,它包含着系统整体的社会发展理念、尊重自然的生态伦理理念、权利平等的生态正义理念和自我约制的人类幸福理念等多方面的价值意蕴;在发展进程中,它的实践指向将贯穿于理念传播、规范建构、服务强化、行为转变以及文化涵育等多个行动领域。

"绿水青山就是金山银山",回应了人民群众对美好生活的热切期盼,阐明了实现"绿""富""美"的有效路径,是提高全面建成小康社会水平的重要引擎;体现了发展理念、发展方式的深刻变革,符合人类文明发展规律,是走向社会主义生态文明新时代的重要遵循;倒逼了政绩观的加速改变。

诚然,我们党一贯高度重视生态文明建设,把保护环境作为基本国策。但是经过三十多年的快速发展，积累下来的生态环境问题日益显现，进入高发频发阶段。比如，全国江河水系、地下水污染和饮用水安全问题不容忽视，有的地区重金属、土壤污染比较严重，全国频繁出现大范围长时间的雾霾污染天气等等。这些问题非采取最严厉的措施不可，不然不仅生态环境恶化的总态势很难从根本上得到扭转，而且我们设想的其他生态环境发展目标也难以实现。

当前环境问题日益成为公众关注的热点。保护生态环境，关系最广大人民的根本利益，关系中华民族发展的长远利益，是功在当代、利在千秋的事业。

我们必须清醒认识保护生态环境、治理环境污染的紧迫性和艰巨性，清醒认识加强生态文明建设的重要性和必要性，树立"绿水青山就是金山银山"理念，以对人民群众、对子孙后代高度负责的态度，加大力度，攻坚克难，全面推进生态文明建设，实现中华民族永续发展。

我们必须更加尊重自然生态的发展规律，保护和利用好生态环境，更加自觉地推动绿色发展、循环发展、低碳发展。要按照系统工程的思路，抓好生态文明建设重点任务的落实，切实把能源资源保障好，把环境污染治理好，把生态环境建设好，为人民群众创造良好生产生活环境。

（中国城市建设网，2017年7月5日）

让五大理念引领雄安新区建设

雄安新区是以习近平同志为核心的党中央推进京津冀协同发展、疏解非首都功能、贯彻五大发展理念而作出的千年大计,是构建以首都为核心的世界级城市群、打造国际一流的和谐宜居之都、实现中国梦的国家大事。

五大发展理念是具体指导制定"十三五"时期雄安新区建设的思想灵魂和谋篇布局,为雄安新区建设提供新动力。建设好雄安新区,是进一步把握以习近平同志为核心的党中央治国理政的新理念新思想新战略的必然要求。推进雄安新区建设需要以五大发展理念为重要引领和根本遵循。

雄安新区要坚持把创新驱动作为雄安新区建设的新动力、新引擎,构筑雄安新区创新驱动经济发展的新高地。把创新摆在雄安新区建设全局的核心位置,不断推进雄安新区的理念创新、文化创新、技术创新和体制机制创新等,让创新贯穿雄安新区建设全过程,让创新成为雄安新区建设动力源。

雄安新区是非首都功能疏解的集中承载地和京津冀统筹协调发展的重要示范区,要以协调发展为基本理念,加强雄安新区与周边地区及城乡一体化发展。

雄安新区要树立绿水青山就是金山银山的理念,加快绿色低碳经济发展,实现雄安新区建设新格局。雄安新区的建设要充分考虑到生态与产业之间的影响，要构建绿色发展机制。尽快编制雄安新区生态空间规划，统一划分生态用地，加大环境污染治理投入，推进绿色基础设施建设。

雄安新区要构筑打造富有活力、竞争力的对外开放新高地，以开放包容引领雄安新区建设新常态。推进雄安新区建设要构建开放发展、包容发展的重要机制，积极参与区域经济治理，要主动承接、积极争取北京非首都功能的转移和落地，为北京减轻负担；主动服务北京国际交往中心功能，构筑对外交流平台，争取部分国际组织、跨国公司在雄安新区建立分机构、分公司，提升雄安新区的国际地位；要加强与保定、石家庄、天津等周边城市的开放合作与包容发展，形成功能互补、分工合作效应，形成开放包容、拉动发展的领头羊和桥头堡；要扩大国外技术、投资、产品的国际国内合作，加强对外开放和包容发展，协同推进雄安新区建设与国内外的战略互信、经贸合作、人文交流，发展更高层次的开放型、包容型经济。

雄安新区要坚持发展为了人民、发展依靠人民、发展成果由人民共享的基本理念，从解决人民最关心、最直接、最现实的利益问题入手，提高公共服务共建能力和共享水平。要以增量改革做大做强公共服务为保障，满足雄安新区人民新期待。

（中国城市建设网，2017年6月5日）

把生态文明建设放在突出地位

党的十八大报告指出，我们一定要更加自觉地珍爱自然，更加积极地保护生态，努力走向社会主义生态文明新时代。给子孙后代留下天蓝、地绿、水净的美好家园。报告体现了我党对待自然的基本态度。

党的十八大报告首次把"美丽中国"作为未来生态文明建设的宏伟目标，把生态文明建设摆在总体布局的高度来论述，表明我们党对中国特色社会主义总体布局认识的深化，把生态文明建设摆在五位一体的高度来论述，也彰显出中华民族对子孙、对世界负责的精神。

实践证明，要生存，必须保护自然。过去，我们对自然占用太多，破坏得太重；而现在，我们需要给自然以修复的机会。要实现真正的国富民强，必须守住"绿水青山"。着力推进绿色发展、循环发展、低碳发展。这是当今世界的主流观念，也越来越受到我们党的重视。

中央政治局5月26日下午就推动形成绿色发展方式和生活方式进行第四十一次集体学习。习近平总书记在主持学习时强调，推动形成绿色发展方式和生活方式是贯彻新发展理念的必然要求，必须把生态文明建设摆在全局工作的突出地位，坚持节约资源和保护环境的基本国策，坚持节约优先、保护优先、自然恢复为主的方针，形成节约资源和保护环境的空间格局、产业结构、生产方式、生活方式，努力实现经济社会发展和生态环境保护协同共进，为人民群众创造良好生产生活环境。习近平总书记在会上深刻阐释形成绿色发展方式和生活方式的重大意义，并对此提出6项重点任务。为我们进一步转变发展观念，努力实现经济社会发展和生态环境保护协同共进提供了重要遵循，指明了实践路径。

人类发展活动必须尊重自然、顺应自然、保护自然，否则就会遭到大自然的报复。我们要充分认识形成绿色发展方式和生活方式的重要性、紧迫性、艰巨性，把推动形成绿色发展方式和生活方式摆在更加突出的位置，加快构建科学适度有序的国土空间布局体系、绿色循环低碳发展的产业体系、约束和激励并举的生态文明制度体系、政府企业公众共治的绿色行动体系，加快构建生态功能保障基线、环境质量安全底线、自然资源利用上线三大红线，全方位、全地域、全过程开展生态环境保护建设。

我们要认真学习领会习近平总书记讲话精神，树立尊重自然、顺应自然、保护自然的生态文明理念，把生态文明建设放在突出地位，融入经济建设、政治建设、文化建设、社会建设各方面和全过程，努力建设美丽中国，实现中华民族永续发展。

（中国城市建设网，2017年6月15日）

城市生态保护和修复不容忽视

实现让人民群众在城市生活得更方便、更舒心、更美好，创造优良人居环境的目标，必须重视城市生态保护和修复，采用科学的规划设计方法，不断改善城市公共服务质量，不断改进市政基础设施条件，大力发掘、保护、传承城市历史文化，维系社会网络，使城市功能体系及其承载的空间场所得到全面系统的修复、弥补和完善，使城市更加宜居、更具活力、更有特色。

城市生态保护和修复，是针对转型时期产生的各种"城市病"和城市问题，既要综合分析现有城市问题，以有针对性和可操作性的手段，按轻重缓急予以解决，又要服务于既定的城市发展目标，带来城市生态环境、综合品质、服务能力三方面的提升。

城市生态保护和修复包含了规划设计编制、政策法规制定和项目实施管理等多个系统，规划、建筑、交通和景观等多个专业；包含了宏观城市、中观片区和微观节点各个层次。因此，城市生态保护和修复项目应以总体规划为引领，整合资源，统筹全局，持续渐进地实施落实，从而保证目标的正确实现和问题的有效解决。

城市生态保护和修复，面对的"城市病"不是城市局部出现问题，而是源自城市整体系统的落后；"城市病"也不是各个独立的问题，而是由多个问题互相关联、互相叠加产生的。一定要"着眼全局"，系统性、整体性地理清城市问题的产生原因、程度、重点、难点和相互关系，以保证"对症下药";另一方面又要"突出重点",简化思路,提高效率,集关键之力突破重点问题,以小博大,发挥示范和催化效用,最终"以点带面,盘活全局"。

城市生态保护和修复,是城市政府的本职工作,也是需要发动各种力量、联动各种资源进行的系统性工作;为进行城市生态保护和修复搭建的工作框架要成为政府的常态化工作模式。同时,实施过程需要全体市民的共同参与,实施效果也需要全体市民的共同检验。因此,城市生态保护和修复工作既要城市政府发挥自上而下的统筹作用,又要呼应自下而上的民生需求,听取公众声音,带动社会参与,优先解决公众急需解决的问题,改善与公众生活息息相关的物质环境与服务水平,获得社会的广泛支持和认可。

进行城市生态保护和修复之前要以科学的方法对城市转型进行设计,"技术支撑"是保证其过程科学、成果有效的前提,尤其是在不同层面运用城市设计的思路与手段,落实城市规划,指导建筑设计,塑造城市风貌,营造城市空间,修复生态网络,恢复城市生态系统的自我调节能力。同时,城市生态保护和修复又是一项城市治理工作,要有全面联动的行政组织体系、明晰的责权划分、详细的工作方案、长效的监督机制和法律法规的支撑。

(中国城市建设网,2017年6月5日)

习近平主席主旨演讲振奋人心
——祝贺"一带一路"国际合作高峰论坛成功举行

习近平主席5月14日出席"一带一路"国际合作高峰论坛并发表主旨演讲。他说,古丝绸之路绵亘万里,延续千年,积淀了以和平合作、开放包容、互学互鉴、互利共赢为核心的丝路精神。这是人类文明的宝贵遗产。习主席的演讲充满激情、充满智慧。不但国人受到鼓舞,世界各国人民也都赞叹不已。

习主席说,公元前140多年的我国汉代,一支从长安出发的和平使团,开始打通东方通往西方的道路,完成了"凿空之旅",这就是著名的张骞出使西域。

习主席说,我国唐宋元时期,陆上和海上丝绸之路同步发展,15世纪初的明代,著名航海家郑和七次远洋航海。一代又一代"丝路人"架起了东西方合作的纽带、和平的桥梁。古丝绸之路跨越尼罗河流域、底格里斯河和幼发拉底河流域、印度河和恒河流域、黄河和长江流域,跨越埃及文明、巴比伦文明、印度文明、中华文明的发祥地,跨越佛教、基督教、伊斯兰教信众的汇集地,跨越不同国度和肤色人民的聚居地。不同文明、宗教、种族求同存异、开放包容,并肩书写相互尊重的壮丽诗篇,携手绘就共同发展的美好画卷。酒泉、敦煌、吐鲁番、撒马尔罕、巴格达、君士坦丁堡等古城,宁波、泉州、广州、北海、科伦坡、吉达、亚历山大等地的古港,就是记载这段历史的"活化石"。历史告诉我们:文明在开放中发展,民族在融合中共存。

习主席指出，古丝绸之路不仅是一条通商易货之道，更是一条知识交流之路。沿着古丝绸之路，我国将丝绸、瓷器、漆器、铁器传到西方，也带回来了胡椒、亚麻、香料、葡萄、石榴。沿着古丝绸之路，佛教、伊斯兰教及阿拉伯的天文、历法、医药传入我国，我国的四大发明、养蚕技术也由此传向世界。商品和知识交流带来了观念创新。佛教源自印度，在我国发扬光大，在东南亚得到传承。儒家文化起源我国，受到欧洲莱布尼茨、伏尔泰等思想家的推崇。

正像习主席所说，古丝绸之路见证了陆上"使者相望于道，商旅不绝于途"的盛况，也见证了海上"舶交海中，不知其数"的繁华。在这条大动脉上，资金、技术、人员等生产要素自由流动，商品、资源、成果等实现共享。阿拉木图、撒马尔罕、长安等重镇和苏尔港、广州等良港兴旺发达，罗马、安息、贵霜等古国欣欣向荣，中国汉唐迎来盛世。古丝绸之路创造了地区大发展大繁荣。

习主席告诫与会者，历史是最好的老师。这段历史表明，无论相隔多远，只要我们勇敢迈出第一步，坚持相向而行，就能走出一条相遇相知、共同发展之路，走向幸福安宁和谐美好的远方。

"一带一路"国际合作高峰论坛是我国首倡举办的"一带一路"建设框架内层级最高、规模最大的国际会议，包括29位外国元首和政府首脑在内的来自130多个国家和70多个国际组织约1500名代表出席此次高峰论坛。

不容置疑，"一带一路"国际合作高峰论坛，是一次空前的国际盛会。这次盛会将为"一带一路"国际合作带来更美好的明天。

（中国城市建设网，2017年5月25日）

建设生态小镇 助推新型城镇化

在生态文明理念下,生态小镇作为新型城镇化发展的创新模式,其开发建设涉及生态技术、社会文化、经济发展等多层面。

目前,我国生态小镇的建设,缺乏示范指引。构建一套科学、合理、操作性强、具有权威性的生态城镇指标体系,打造良好的小镇生态环境,显得尤为重要。

生态小镇应以生态资源为本底、以指标体系为目标、以生态产业为驱动、以生态文化为特色、以生态技术为支撑、以制度、法律体系为保障,实现可持续发展。

生态小镇的建设,必须进行生态构建。要尊重原有生态基底,通过生态修复,重构生态新格局,以切实可行的生态技术为支撑,落实生态指标。

一是集中收集和处理污水,限制农药种类,增设生态湿地处理设施;实施包括雨洪利用、中水100%回用的区域内的资源节约和综合利用。

二是尊重本地自然条件,采取适宜的生态修复和重建手段,恢复自然水系、湿地、森林、农田、公共绿地的生态功效,构筑以多级水系和绿色网络为骨架的复合生态系统。

三是提升公共交通和慢行交通的出行比例,引导居民减少对私家车的依赖,由此创建低能耗、低占地、高效率、高服务的城市交通模式。

四是建立"绿色建筑指标体系",城市建筑以节能、节水、节地和节材为核心；通过采用节能材料、自然通风、遮阳、热能回收等节能措施，减少建筑能源损耗和提高能源使用效率。

五是充分利用数字化信息处理技术和网络通信技术，科学地整合各种信息资源，建设高效、便捷、可靠、动态的数字化城市。

六是建立一套完整的生态城市管理系统，从城市规划过程、城市建设过程、城市运营管理过程三个阶段对生态进行完整系统的控制。

七是构建生态型产业体系，发展生态经济。依托生态环境，按照生态产业标准，进行产业筛选，打造生态型产业，并延长相关产业链，形成生态型产业体系。生态型产业要符合节能环保、循环发展、带动性强的要求，诸如科技研发、物流、创意、金融、商贸、会展、旅游、教育培训等产业。

八是有制度、法律保障体系。要建立一套包含生态小镇规划、建设、激励、监管等方面的制度保障体系，明确责任，强化措施，在工作部署、项目落地、用地指标、财力安排上统筹协调，加强督导，确保目标任务落到实处。各有关部门要根据职能分工，发挥部门优势，整合政策、资金、项目，重点支持生态小镇建设工作，形成推进合力。另外，在法律上对一些违背生态原则的行为形成一定的约束，保证生态城市建设的顺利推进。

（中国城市建设网，2017年5月15日）

城市精细化管理造福百姓

在2017年两会上,"绣花"成为一个热词。

习近平总书记在参加十二届全国人大五次会议上海代表团审议时强调,走出一条符合超大城市特点和规律的社会治理新路子,是关系上海发展的大问题。城市管理应该像绣花一样精细。这一形象比喻为破解我国城市管理困境开出了良方,也为城市管理指明了新方向。

改革开放以来,我国经历了大规模、超快速的城镇化进程。随着经济社会发展和城市化进程的加快,出现了一批大城市、城市群乃至特大城市,城市居民的幸福指数要求也随之快速提升,对城市管理能力提出了更新更高的要求。

虽然,近年来城市管理工作取得了长足进步,但还有很多地方不尽如人意。如管理标准不高、精细化管理不够、城市序化问题突出等短板依然存在。事实证明,原来粗放的管理模式已经无法适应现实要求。在城市之骯久治不愈时,精细化城市管理理念的提出可谓正当其时。

我们要以更精致、精细、精准的管理理念,补齐城市管理的短板,把有效的、关键的城市管理细节沉淀下来,固化为一种城市管理制度、一种常态城市管理机制,使城市管理和服务成为一种品牌,提高城市管理部门和政府的公信力,推动城市经济和社会发展,增强城市的核心竞争力。

"像绣花一样精细",就必须讲究精巧、严谨,敢于创新,适应城市发展。不管城市多么大，都要从细微处着手，把细部的、个别的、局部的问题解决好，整体上的大问题就会减少；都要依法精细化管理，绣花要"按图施针"，城市管理的"图样"就是法律法规；都要坚持治理是根本，按市民需求合理配置资源，让市民、企业、政府共同参与规范化管理，破解阶段性矛盾；都要把优良的、有效的管理方式整合提升为城市管理制度。只有这样，才能真正提升城市精细化管理水平，提高政府公信力，进而增强城市核心竞争力。

特别是在现代城市中，要强化智能化管理，提高城市管理标准，更多运用互联网、大数据等信息技术手段，全面提高城市科学化、精细化、智能化管理水平，持续用力、不断深化，提升社会治理能力，让城市更有序、更安全、更干净、更有活力。

城市化是经济社会发展的必然结果，是衡量一个国家发展程度的重要标志。城市精细化管理则是提高城市承载能力，体现城市精气神的关键所在。

城市精细化管理是社会发展的必然趋势，必须要认真对待，加倍努力，向人民群众交出一份合格的答卷，造福百姓。

（中国城市建设网，2017年4月25日）

第五章

要闻精选

围绕中心　服务大局
党风廉政建设助推内蒙古经济腾飞

　　胡锦涛总书记在十七届中央纪委七次全会上强调，党风廉政建设对全面建设小康社会，具有重大而深远的意义。全党都要从党和人民事业发展的高度，从应对新形势下党面临的风险和挑战出发，充分认识保持党的纯洁性的极端重要性和紧迫性，不断增强党的意识、政治意识、危机意识、责任意识，切实做好保持党的纯洁性各项工作。

　　内蒙古自治区党委、政府和纪检监察机关贯彻总书记指示精神和党中央部署迅速而坚决，切实做好保持党的纯洁性和反腐倡廉各项工作，坚持以人为本、执政为民，坚持政治、经济、文化齐头并进、和谐发展。自治区党委书记胡春华要求，各级领导干部要时刻牢记党的宗旨，把良好作风体现在坚持群众路线、维护群众利益、做好群众工作上，把心思和精力集中到干实事上来，把功夫和劲头下到抓落实上来，把工作做细、做实、做在前面，有效维护好群众合法权益。自治区党委深入推进党风廉政建设的思路和要求，为经济社会的科学发展奠定了坚实的基础。

　　2011年，为深入贯彻落实十七届中央纪委六次全会和内蒙古自治区纪委八届六次全会精神，确保党风廉政建设和反腐败各项任务落到实处，按照党风廉政建设责任制的规定，内蒙古自治区对做好党风廉政建设和反腐败工作提出了具体意见和要求，六项任务、79项具体工作被科学分解到各部门、各单位，内容涵盖反腐倡廉建设各个方面，涉及经济社会各个领域，一张严密的惩治和预防腐败的大网覆盖全区。以党风廉政建设和反腐败工作助推经济社会全面发展，成为自治区各级领导和各界干部群众的共识。

内蒙古自治区纪委一班人认识到，党风廉政建设工作是一个地区经济发展的重要保障，纪检监察机关作为组织党风廉政建设工作的职能部门，在推动地方经济发展中肩负着重要使命。为此，自治区纪委领导和干部经常深入各地基层单位，主动了解和解决群众反映强烈的突出问题，督促检查反腐倡廉工作落实情况，使党风廉政建设工作更有力地服务于地方经济发展。

作为内蒙古自治区纪委"一把手"的张力更是身先士卒，深入一线指导工作。在锡林郭勒盟阿巴嘎旗和锡林浩特市慰问干部群众时，张力指出，各级领导干部要树立正确的政绩观，把"以人为本"作为最大的政绩，把民生指标作为政绩考核的重要内容，努力创造经得起时间和历史检验的业绩。在内蒙古自治区教育系统党风廉政建设工作会上，张力要求各级教育行政部门和学校的领导同志特别是党政一把手，要肩负起本部门、本单位反腐倡廉建设第一责任人的职责，准确把握教育系统反腐倡廉建设形势，进一步增强紧迫感。要紧密结合教育系统反腐倡廉建设实际，突出重点，增强针对性和实效性，进一步提高工作水平。要始终把党风廉政建设和反腐败工作摆上重要议事日程，切实抓紧抓好，深入推进教育系统反腐倡廉建设，为教育事业科学发展提供有力保证。在内蒙古自治区预防职务犯罪工作联席会议第八次会议上，张力要求预防职务犯罪必须坚持围绕中心、服务大局，必须与自治区惩治和预防腐败体系建设同步推进，切实抓紧抓好。在呼伦贝尔市调研党员干部"下基层、办实事、转作风"工作时，张力指出，党员干部"下基层、办实事、转作风"活动意义深远，各级领导干部要带着感情，带着责任，深入基层，深入群众，扎扎实实开展工作，把党的路线、方针、政策真正落到实处。要努力做到思想认识到位、组织工作到位、措施落实到位，从理论上加强对此项工作的指导。要少说多做，实实在在地为百姓办一些具体的实事，以更加密切与群众的关系。措施落实到位要务求实效，切忌走过场搞形式主义。要带着感情去做事，把制定的工作方案和各项措施做实做细做好。加强对基层工作的指导，要经常深入基层，深入实际，调查了解，摸清情况。要抓住两头，对工作突出的要大力倡导，总结他们的工作经验，尤其对不掌握多少行政资源且工作成绩卓著的单位要进行大张旗鼓的表彰；而对行动慢、认识差、工作不得力的落后单位要进行严肃批评，甚至做出相应的处理。

党风廉政建设工作的深入开展，为内蒙古自治区经济的旺势发展提供了坚强的政治保证。近年来，为了解决制约自治区经济发展的难题，自治区领导班子廉政务实，以公路交通建设为重点和突破口，集中力量实施了一批重点工程。公路建设按照"三横九纵十二出口"的总体规划，加快国道主干线、东西公路大通道、边防公路以及旗县公路的建设，大幅度提高干线公路等级和路网密度。目前，以公路、铁路和民航为主的综合交通运输网初步形成，运能大大提高。发达起来的交通运输就像健全的输入输出大动脉，富有本土特色的"羊、煤、土、气"（羊绒、煤炭、稀土、天然气）通过这条大动脉输出，带活、带火了内蒙古的经济。

曾几何时，呼和浩特市也存在着城区狭小、空间拥挤的弊端，制约着首府城区的建设步伐，也是人民群众反映强烈的问题之一。为改变城市建设的落后面貌，自治区党委政府领导本着"执政为民"的思想，倾注了无数的心血和汗水。经过辛勤努力，呼和浩特市城市建设取得了长足发展，城市基础设施建设扎实推进，形成了八横八纵八车道的城市道路框架。2011年，全市新建续建城区主次干道52条，桥梁通道17座，新增150台新能源公交车；历经3年，创建国家环保模范城市正式通过环保部考核验收。同时，城市景观建设和街景整治取得明显成效。历时3年、全长66.4公里的环城河治理主体工程基本完工，滨河路及沿河景观工程全线推进。建成敕勒川公园、锡林公园一期工程，对22个公园及游园、15处广场绿地、27条主次干道、16处城市重要节点实施了景观绿化和街景改造，有效改善了群众居住环境，提升了城市品位。

作为工业重城包头，冶金工业、稀土高新技术产业和机械装备制造业成为经济的主导力量。伴随着经济的发展，政府从保障城市经济发展和人民生活的需求出发，不断加强基础设施和城市生态环境建设，使城市面貌发生了显著的变化，城市基础设施水平有了较大提高，城市配套设施得到了进一步完善。

能源城市鄂尔多斯，也在通过大基地、大产业、大集团，延长产业链，实现煤炭深加工，培育发展相关配套产业，努力摘掉依赖能源的帽子。作为曾经的经济超常规发展、生态异常脆弱的城市，鄂尔多斯通过"上下联动、建管并重、全面提升"的模式，昂然驰骋于"创建国家生态园林城市"的征程上。

据2011年内蒙古自治区经济和社会发展统计公报显示，全年全区生产总值超过1.4万亿元，比上年增长14.3%。建筑业增加933.13亿元，比上年增长15.2%。

党风廉政建设助推下的内蒙古经济，犹如一条腾飞的蛟龙，正以势不可挡之势，推动内蒙古各项事业的大发展大繁荣。

（《城市建设》杂志，2012年7月20日）

访问新加坡世界科技出版集团，与潘国驹教授签署关于成立亚太学术出版联盟的文件(2019年12月16日)

出席欧美同学会"一带一路"论坛(2018年5月19日)

出席新加坡国立大学学位证书颁发典礼(2014年7月7日)

到访阿里集团交流调研(左五为新加坡国立大学李光耀公共政策学院院长柯成兴、左四为阿里副总刘松、右二为新加坡经济发展局处长黄静雯)(2019年8月4日)

出席亚经协活动（2020年7月13日）

与新加坡前总检察长陈锡强(左一)、新加坡国立大学李光耀公共政策学院(NUSLKY)院长柯成兴(右一)及获奖代表合影(2018年11月23日)

组织民进北京企联会会员到清华大学学习调研(2019年11月26日)

与甘肃省原副省长石军(中)等同志出席人民日报社中国城市报研讨会(2018年5月17日)

出席2017亚洲经济论坛
（2017年9月1日于新加坡）

出席2018亚洲经济论坛
（2018年8月30日于新加坡）

北京市工商业联合会建筑行业商会会长名誉会长合影。左起：建设部原部长办公室主任王志朝、中韩企业联谊会会长权顺基、中建总公司原纪检书记樊盛先、建设部原纪检组长郭锡权、商会执行会长王克剑、商会会长孙梦兰、市工商联副处长张进、市工商联巡视员兼办公室主任王爱民、原国家建材部局长胡树林、全国人大原老干部局局长双世平(2005年8月7日)

出席在新加坡召开的2018亚洲经济论坛并致辞(2018年8月30日)

出席新加坡国立大学李光耀公共政策学院(NUSLKY)北京校友会研讨会,与老领导季允石、新加坡驻华使馆副馆长陈淑欣合影(2018年11月16日)

出席黑龙江黑河市北京招商推介会,与时任黑河市委书记秦恩亭(现任哈尔滨市政协主席、党组书记 中)、时任黑河市长马里(现任黑河市委书记 右二)合影(2019年10月17日)

2021年4月23日,参加民进北京西城区委新闻出版支部"世界读书日红色之旅"活动。到位于河北省涞水县山南村的平西老抗日根据地八路军挺进军司令部、冀热察区党委、八路军挺进剧社等旧址参观学习,看望了年迈的老儿童团员老战士

出席2007世界城市建设主题大会(2007年2月5日)

2018年1月14日,第二届军民融合精准扶贫研讨会主席台,左起:戚金龙、王克剑、袁文先、王治国、石仲泉、柳斌、张梅颖、陈虹、杨正泉、景学勤、李永海、张秀杰、裴希更、许大华

到红旗渠青年洞参观学习(2019年11月14日)

到四川大邑县调研(2020年9月24日)